D1928349

Frauenkulturen

Christliche und muslimische Frauen
in Begegnung und Gespräch

FÜR FRAU LAGEMANN

WEGZEHRUNG FÜR DIE
SPANNENDE REISE IN
ANDERE LEBENSWELTEN!

[illegible]

Ulrike Bechmann
Sevda Demir
Gisela Egler

Frauenkulturen

Christliche und muslimische Frauen in Begegnung und Gespräch

KlensVerlag

KlensVerlag GmbH
Carl-Mosterts-Platz 1
40477 Düsseldorf

Die Deutsche Bibliothek – CIP-Einheitsaufnahme

Frauenkulturen: Christliche und muslimische Frauen in Begegnung und Gespräch /
Ulrike Bechmann u. a. ... – Düsseldorf: Klens, 2001
(Klens Arbeitsbücher)
ISBN 3-87309-165-8

Alle Rechte vorbehalten
© KlensVerlag GmbH, Düsseldorf
Auflage 2000

Lektorat:	Bettina Wöhrmann, Stuttgart
Umschlaggestaltung:	Ilona Ranze-Kaluza, Düsseldorf
Titelbild:	Ilona Klautke, Hannover
Satz und Druck:	Schnaufer Druck GmbH, Tauberbischofsheim
ISBN:	3-87309-165-8

Inhalt

Vorwort

„Ein junger Mann betrat im Traum einen Laden. Hinter der Theke stand eine ältere Frau. Hastig fragte er sie: ‚Was verkaufen Sie?‘ Die Weise antwortete freundlich: ‚Alles, was Sie wollen.‘ Der junge Mann begann aufzuzählen: ‚Dann hätte ich gerne die Welteinheit und den Weltfrieden, die Abschaffung von Vorurteilen, Beseitigung der Armut, mehr Einheit und Liebe zwischen den Menschen aus verschiedenen Religionen, gleiche Rechte für Frau und Mann und ... und ...‘ Da fiel ihm die Weise ins Wort: ‚Entschuldigen Sie, junger Mann, Sie haben mich falsch verstanden. Wir verkaufen keine Früchte, wir verkaufen nur den Samen.‘“

Ein kleines Samenkorn sein: Das ist unser Wunsch für dieses Buch. Ein Samenkorn, aus dem weitere Verständigung, Achtung und Respekt zwischen christlichen und muslimischen Frauen in Deutschland wächst. Dieses Ziel leitete uns und trug uns durch die Zeit, in der das Buch entstand. Mit der Idee dieses Arbeitsbuches reifte auch bald der Entschluss, die Begegnung von christlichen und muslimischen Frauen schon in die Erarbeitung hineinzunehmen. Als muslimische, katholische und evangelische Autorinnen entwarfen wir die Anlage für dieses Arbeitsbuch gemeinsam. Unsere eigenen Erfahrungen bestärkten uns darin, dass persönlichen Begegnungen Tiefe gegeben werden kann, wenn Frauen miteinander an Themen arbeiten, die von Interesse sind. Andere Frauen mit ihren Lebensumständen, ihren Glaubensrichtungen, ihren Wünschen und Hoffnungen kennen zu lernen hilft auch, die eigene Lebenswelt besser zu verstehen. Wenn miteinander an einem Thema oder einem Projekt gearbeitet wird, schafft dies Raum, sich gegenseitig näher zu kommen – mit allen Vorteilen und Schwächen.
So wünschenswert Begegnungen sind: Allen sollte bewusst sein, dass nicht jede Begegnung auch weitergeführt werden muss. Interesse aneinander, Sympathie und der Wunsch nach Vertiefung lassen sich nicht erzwingen. Jede Begegnung hat ihren Wert in sich. Und wer kann schon sagen, ob nicht auch in kleinen Schritten Samen gesät werden, die sich erst später oder an anderen Orten entfalten.

Uns war bei der Bearbeitung klar, dass es „das Christentum“ und „den Islam“ nicht gibt, sondern nur in der je von Menschen gelebten Form. Wenn trotzdem solche Formulierungen auftauchen, so geschieht das im Sinne der Vereinfachung. Wie die Glaubenspraxis der jeweiligen Religion konkret aussieht, kann sich nur im Gespräch mit den jeweiligen Frauen erweisen, die ihren Glauben leben und ihre eigene Form dafür gefunden haben.

Mit diesem Buch möchten wir eine Hilfestellung für christliche oder muslimische Frauengruppen geben, die an Begegnung und Austausch mit anderen Frauen interessiert sind, bisher aber keine Ansätze dazu sahen. Es bietet aber auch Impulse für Gruppen, die sich schon treffen und nach neuen inhaltlichen Angeboten für sich suchen. Für die Vorbereitung einzelner Treffen eignet es sich ebenso wie für eine längere gemeinsame Planung. Die Themen und Modelle der einzelnen Kapitel lassen sich unterschiedlich kombinieren. Die Texte sind so geschrieben, dass sie jeweils von muslimischen wie von christlichen Frauen gelesen und verstanden werden können. Die Modelle für die Themen sind ebenfalls so angelegt, dass sie für beide Gruppen durchführbar sind.

Wir danken all den Menschen, die in ungezählten Gesprächen unsere Ideen anhörten und mit Rat und Tat weiterhalfen, die unsere Texte kritisch gelesen haben und uns durch Fragen und Anregungen auf neue Ideen brachten. Der besondere Dank gilt allen, die die Höhen und Tiefen der Erarbeitung aus der Nähe miterlebten und geduldig mittrugen.

Die Idee, durch das Buch Begegnungen von Frauen zu fördern, hat uns beflügelt und alle Hürden überwinden lassen.
Den Frauen, die diese Begegnungen neu beginnen und unterstützen, die sich auf die spannende Reise in andere Lebenswelten begeben und sich nicht entmutigen lassen, all denjenigen, die dadurch zu mehr Menschlichkeit im Miteinander beitragen, sei dieses Buch gewidmet.

Ulrike Bechmann *Sevda Demir* *Gisela Egler*

1. Einführende Überlegungen für Gruppenleiterinnen

1.1 Zum Umgang mit diesem Buch

Die Anlässe für Frauengruppen, sich für Christentum oder Islam zu interessieren, können sehr verschieden sein. Einige Beispiele sind hier aufgeführt:
„Wir möchten uns gerne mit dem Islam näher beschäftigen. Wo finden wir Material für unsere Frauengruppe?"
„Mein Kind geht in einen christlichen Kindergarten. Was wird da eigentlich gelehrt? Ich möchte mehr über das Christentum wissen. Können wir darüber einmal in unserer Gruppe sprechen?"
„Seit Jahren treffen wir uns schon einmal im Monat. Es ist so spannend, mehr voneinander zu erfahren und sich darüber auszutauschen, was uns unsere jeweilige Religion bedeutet. Gibt es nicht Anregungen für Gruppen wie die unsrige?"
„Ich höre immer nur etwas über christliche/islamische Frauen, würde aber gern selbst einmal jemand kennen lernen. Gibt es eine Möglichkeit, dass wir das in der Gruppe versuchen?"
Auf diese und ähnliche Fragen und Interessen versuchen wir in diesem Buch einzugehen.

Die Anregungen sind gedacht für Leiterinnen von:
- muslimischen und christlichen Frauengruppen, die sich informieren möchten über die jeweils andere Religion;
- christlichen und muslimischen Frauengruppen, die Frauen bzw. Frauengruppen aus der jeweils anderen Religion begegnen möchten;
- neugegründeten oder schon länger existierenden interkulturellen/interreligiösen Frauengruppen.

Hinweis: In diesem Buch werden folgende Ausgaben von Bibel und Koran benutzt:
- Die Heilige Schrift, Einheitsübersetzung, Stuttgart 1981 (4/1986)
- Der Koran, Übersetzung von Adel Theodor Khoury unter Mitwirkung von Muhammad Salim Abdullah, Gütersloh 1987, 2., durchgesehene Auflage 1992

Je nach Interesse kann das Buch unterschiedlich genutzt werden:
- Es bietet informative Einführungen sowohl für christliche als auch islamische Themenbereiche. Insofern lädt es ein, die jeweiligen Glaubenswelten aus Frauenperspektive zu betrachten.
- Zu jedem Thema geben Arbeitsmodelle (mit grauem Kasten hinterlegt) Hinweise darauf, wie mit einer Gruppe die Inhalte erarbeitet werden können.
- Zu vielen Themen dieses Buches gibt es prägende Texte aus den heiligen Büchern, den Traditionen, von gelehrten Männern und Frauen, Ernstes und manchmal auch Lustiges zum Nachschlagen oder zur Ergänzung der Erklärung. Die Texte finden sich jeweils am Ende des Kapitels.

Die meisten Anregungen sind für Begegnungen von christlichen und islamischen Frauen gedacht. Diese Vorschläge können Ausgangspunkt für weiteres gemeinsames Tun sein. Einige Anregungen sind eher für eine christliche oder islamische Frauengruppe geeignet, die für sich ein Thema erarbeiten möchte.

Wir wollen dazu ermutigen,
- sich als Frauen zu begegnen, die mit unterschiedlicher Geschichte und Tradition am gleichen Ort zusammenleben;
- dieses Zusammenleben als Chance wahrzunehmen, sich kennen zu lernen und Gemeinsames und Fremdes zusammen entdecken zu können;
- aus dem persönlichen Kennenlernen neue Horizonte zu erreichen und Geschmack und Lust an neuen Themen und neuen Bekanntschaften zu gewinnen.

Christentum oder Islam als Thema der Gruppe

Religion wird in diesem Buch im Zusammenhang der konkreten Lebensbezüge von Frauen verstanden. Wir setzen an bei der Rolle, die die Religionen im Alltag von Frauen oder ihrer Mütter, Großmütter, ihrer Familien und Religionsgemeinschaften spielen bzw. gespielt haben. Wir beziehen einzelne Formen der Volksfrömmigkeit mit ein, denn sie sind häufig ‚Domäne' der Frauen. In ihr leben Frauen das, was ihnen an ihrer Religion persönlich wichtig ist. Ebenso betrachten wir Frauentraditionen in beiden Religionen, weil sie oft in der offiziellen Theologie keine oder nur eine geringe Rolle spielen, aber für Frauen wichtig sein können. Wir denken, dass das Buch, wenn auch begrenzt, als Informationsquelle zu einzelnen Fragen der Teilnehmerinnen zu den beiden Religionen genutzt werden kann.

Erste Überlegung
Was ist der Grund, das Thema aufzugreifen?

Unterschiedliche Gründe können dazu führen, sich dem Thema Islam oder Christentum zu nähern, z.B.:
- eine öffentliche Diskussion, z.B. um einen geplanten Moscheebau, das Kreuz in öffentlichen Räumen, islamischer Religionsunterricht;
- eine Fernsehsendung, die neugierig gemacht hat;
- die persönliche Betroffenheit, weil ein/e Bekannte/r oder Angehörige/r jemand aus dem islamischen oder christlichen Kulturkreis kennen gelernt hat, man selbst jemand kennen gelernt hat, eine Heirat ansteht;
- Fragen der Nachbarschaft;
- das Interesse daran, wie muslimische oder christliche Frauen denken, leben und glauben.

Diese Gründe können bei der Wahl des Themas eine Rolle spielen, mit dem sich die Gruppe den Inhalten von Christentum oder Islam annähert.

Zweite Überlegung
Welche Vorkenntnisse, Kontakte und Vorerfahrungen gibt es in der Gruppe?

- Gibt es Frauen, die schon einiges über Christentum oder Islam wissen?
- Gibt es Bekannt- oder Verwandtschaften zu Angehörigen der jeweils anderen Religion bei Frauen in der Gruppe?
- Wurde in der Gruppe das Thema „andere Religion(en)" schon einmal behandelt? Gibt es von daher Vorerfahrungen?
- Kenne ich oder jemand aus der Gruppe eine kompetente Frau, die ein Thema behandeln kann?

So ist es vielleicht in einigen Fällen möglich, unkompliziert Unterstützung und kompetente Begleitung für dieses Thema zu finden.

Begegnung mit Frauengruppen der anderen Religion

In manchen muslimischen und christlichen Frauengruppen wird der Wunsch geäußert, direkt mit den jeweils ‚anderen' ins Gespräch zu kommen. Einige Musliminnen und Christinnen kennen sich zwar untereinander durch die Arbeit, die Beziehungen der Kinder oder vom Einkaufen. Trotzdem besteht häufig eine gewisse Ratlosigkeit und Unsicherheit, wie es möglich sei, die ‚anderen' kennen zu lernen und auf sie mit diesem Interesse zuzugehen. Diejenigen, die auf der persönlichen Ebene Bekanntschaften und Freundschaften entwickelt haben, können mit Rat und Tat zur Seite stehen und so über erste „Berührungsängste" hinweghelfen.

Wenn Interesse am Austausch mit einer Gruppe oder einer Referentin zu einem Thema besteht, ist es zunächst auch das einfachste, bei Bekannten oder Nachbarinnen nachzufragen. Wenn diese nicht weiterhelfen können, ist es sinnvoll, sich an folgende Anlaufstellen zu wenden:

- Fragen Sie nach bestehenden christlichen Frauengruppen bei Pfarrämtern.
- Fragen Sie nach bestehenden islamischen Frauengruppen bei der örtlichen Moschee.
- Sprechen Sie Frauen im Kindergarten, in der Schule an, ob sie eine mögliche Ansprechpartnerin kennen.
- Fragen Sie bei dem örtlichen Ausländerbeirat und/oder der Frauenbeauftragten nach Frauengruppen.

Viele Vereine und Gemeinden laden zu bestimmten Veranstaltungen öffentlich ein (z.B. Tage der offenen Tür und Gemeindefeste). Diese Angebote bieten gute Möglichkeiten, ‚hineinzuschnuppern' und Frauen kennen zu lernen. Mit anderen Fraueninitiativen oder Moschee- und Kirchengemeindegruppen lassen sich bei einer solchen ‚Ortserkundung' Gespräche führen und damit gleichzeitig ‚Schwellenängste' abbauen.

1.2 Methodische Anregungen zur Themenauswahl

Oft ist es schwierig, sich bei einem so umfassenden Thema wie Christentum oder Islam in einem Rundgespräch zu entscheiden, welches die wichtigsten oder interessantesten Themen für alle wären und in welcher Reihenfolge man vorgehen sollte. Um allen die Chance zu geben, ihre Interessen zu formulieren, helfen einige Methoden zur Themenauswahl und deren Planung. So fühlen sich alle einbezogen, und die Themen werden gemeinsam in einem klaren Gruppenprozess festgelegt.
Nachfolgend finden Sie einige Modelle, wie Sie ein Gruppengespräch zur Themenauswahl anleiten können.

Was ich vom Christentum/Islam denke und wissen möchte

Ziel: Themenfindung in der Gruppe
Material: Zettel (drei verschiedene Farben), Stifte, große Wand
Zeit: ca. 15 Minuten für ersten Schritt

Erster Schritt: Die Teilnehmerinnen bekommen Zettel in drei verschiedenen Farben. Ohne sich vorher auszutauschen, schreiben sie spontan das nieder, was ihnen zu den folgenden drei Fragen einfällt. Ermuntern Sie die Teilnehmerinnen, ohne zu langes Nachdenken zu schreiben. In der Auswertung wird von der Leiterin nicht bewertet, was geschrieben wurde.

Fragen:
1. Was fasziniert mich am Islam/Christentum?
2. Was verstehe ich beim Islam/Christentum nicht?
3. Was wollte ich schon immer einmal vom Islam/Christentum wissen?

Die Antworten werden auf je unterschiedlich farbige Zettel geschrieben.

Zweiter Schritt: Die Zettel werden eingesammelt und nach Farben sortiert auf die Pinnwand geheftet. Jeder Zettel, der angeheftet wird, wird vorgelesen.
Die Teilnehmerinnen tauschen sich über die Ergebnisse aus. Gemeinsam wird versucht, die jeweils zusammengehörigen Themen aus den drei Farben zusammenzu-

stellen. Die größte Anzahl der Zettel zu einem Thema oder einem Themenkreis zeigt das höchste Interesse an dem Inhalt. Dabei spielt die Wertung keine Rolle. Aus den am häufigsten genannten Stichworten lässt sich die Weiterarbeit planen.

Dritter Schritt: Nun wird über die offenen Wissensfragen miteinander gesprochen. Falls die Themen im Buch nicht oder zu wenig angesprochen sind, wird gemeinsam überlegt, wer als „Expertin" eingeladen werden kann.

Abschluss: Ein Text oder Gebet aus der muslimischen/christlichen Tradition (s. Seite 122, S. 129, S. 169 ff)

Welche Themen dieses Buches sprechen mich an?

Material: Nach Interesse der Teilnehmerinnen wählt die Leiterin der Gruppe Themen aus dem Buch aus und stellt damit eine Themenliste zusammen.

Erster Schritt: Ein Zettel mit der Themenliste wird ausgeteilt.

Zweiter Schritt: Es gibt die Skala von 1-5 für das Interesse.
1 = gar kein Interesse; 2 = wenig Interesse; 3 = kann ich mir vorstellen; 4 = möchte ich gern bearbeiten; 5 = ich möchte unbedingt etwas dazu wissen.
Jede Frau kann für jedes Thema so viel Punkte vergeben, wie sie Interesse hat, daran zu arbeiten. Sie muss nicht staffeln. Es können also auch theoretisch von einer Frau für jedes Thema fünf Punkte vergeben werden.

Dritter Schritt: Die Anzahl der Punkte für jedes Thema wird festgestellt, danach richtet sich der Plan für die Weiterarbeit. Bei gleicher Punktezahl erfolgt noch ein Austausch in der Gruppe darüber, mit welchem Thema begonnen wird.

Abschluss: Ein Text aus dem gewählten Thema wird vorgelesen.

Planung einer längeren Informationsphase zum Christentum oder Islam

Das Buch eröffnet auch die Möglichkeit, eine Art Seminarreihe zur Information über Christentum oder Islam durchzuführen. Anhand konkreter Themen lassen sich einige wichtige Kapitel zur jeweiligen Religion unter der Perspektive von Frauen behandeln. Eine solche Zusammenstellung der einzelnen Kapitel eröffnet einen ersten Einblick in die jeweilige Religion. Ein Anspruch auf Vollständigkeit kann damit natürlich nicht erhoben werden.
Folgende Zusammenstellung bietet sich für das Thema Islam an:
- Chadidscha (s. Seite 84 ff.)
- Koran (s. Seite 111 ff.)
- Gebet (s. Seite 117 ff.)
- Ramadan/Fastenzeit (isl.) (s. Seite 149 ff.)
- Moschee (s. Seite 103 ff.)
- Maryam (s. Seite 79 ff.)
- Segen (s. Seite 140 ff.)
- Kleidung (s. Seite 155 ff.)

Das Thema Christentum kann mit den parallel angelegten Themen ebenso durchgeführt werden:
- Lydia (s. Seite 89 ff.)
- Bibel (s. Seite 108 ff.)
- Gebet (s. Seite 127 ff.)
- Advent/Fastenzeit (s. Seite 145 ff.)
- Kirche (s. Seite 99 ff.)
- Maria (s. Seite 74 ff.)
- Segen (s. Seite 137 ff.)
- Kleidung (s. Seite 159 ff.)

Beide Reihen informieren über eine Frau als eine der ersten Gläubigen (Chadidscha und Lydia) und bieten einige Informationen zur Anfangszeit der jeweiligen Religion. Die heiligen Schriften (Koran und Bibel), die Bedeutung und Form des Betens und die Gebetsstätten (Moschee und Kirche) geben Einblick in zentrale Elemente der Religionen. Zwei wichtige Zeiten im Zyklus des Glaubenslebens, der Ramadan als Zeit der Erwartung des Korans und der Advent als Zeit der Erwartung von Jesus Christus, werden hervorgehoben. Die Verehrung Marias bzw. Maryams als Jungfrau und Mutter Jesu verbindet unzählige Gläubige im Christentum wie im Islam. Die Themen Segen und Kleidung (in religiöser Bedeutung) greifen Wirkungen religiöser Formen auf den Alltag auf.

1.3. Tipps aus der Praxis für die Praxis

An einigen Orten gibt es Erfahrungen mit Begegnungen von muslimischen und christlichen Frauengruppen bzw. von interkulturellen und religiösen Frauengruppen. Die folgenden Punkte wurden dabei als hilfreich erlebt und sollen hier als Tipps weitergegeben werden.

Zeit und Ort rücksichtsvoll auswählen
Um geeignete Zeitpunkte für die Treffen zu finden, an denen alle Interessierten teilnehmen können, sind Feiertage (z.B. Ramadan, Weihnachten) und Gebetszeiten genauso zu beachten wie die Arbeits- und Familienzeiten der Teilnehmenden. Um Frauen mit kleinen Kindern die Teilnahme zu ermöglichen, ist es wichtig, eine Kinderbetreuung während der Treffen zu organisieren oder ‚kinderfreundliche' Treffpunkte zu finden.
Für Gruppen, die Zugang zu eigenen Räumen haben, so z.B. christliche und muslimische Gemeindegruppen, ist es gut, wenn sie sich gegenseitig einladen und besuchen und so Gebende und Nehmende, mal in ihrer vertrauten Umgebung, mal auf unbekanntem Terrain sind. Das hilft, gegenseitige Schwellenängste abzubauen.

Raumgestaltung
Die Gestaltung des Raumes, in dem man sich trifft, spielt eine wichtige Rolle für die Atmosphäre. Auch die Anordnung der Stühle sollte – je nach Bedarf – bedacht werden: ob Tische und Stühle zweckmäßig sind oder ein Stuhlkreis und eine „gestaltete Mitte". Eine gestaltete Mitte heißt, dass in einem Stuhlkreis am Boden Elemente arrangiert werden, die zum Thema passen und den Teilnehmerinnen eine Konzentration bieten. Zweige, Blumen, Tücher, Bilder, Kerzen, sorgfältig gedeckte Tische, Duftlampen – je nach Situation unterstützen solche Elemente der Raumgestaltung die Begegnung, denn sie zeigen das Bemühen um das Wohlbefinden aller Beteiligten.

Miteinander essen und trinken

Miteinander essen und trinken erleichtert eine freundschaftliche Atmosphäre. Wichtig ist es, dass dabei alle ‚mitessen' können und auf diejenigen Rücksicht genommen wird, die aus gesundheitlichen, religiösen oder weltanschaulichen Gründen auf bestimmte Speisen (z.B. Schweinefleisch oder nicht rituell geschlachtetes Fleisch, Alkohol, Zucker) verzichten.

Jeweilige Hemmschwellen beachten

So, wie sich viele Christinnen scheuen, eine Moschee zu betreten, gibt es auch umgekehrt die Scheu, christliche Räume zu betreten. Bei der Einladung sollte miteinander abgesprochen werden, ob der Raum für alle akzeptabel ist. Achten Sie darauf, ob es Probleme mit dem Weg gibt (abends, Entfernung, Möglichkeit, den Ort des Treffens zu erreichen).

Vertrauen aufbauen

Oft gibt es Ängste, hinter dem Wunsch nach Begegnung könnten andere Ziele stecken, z.B. andere zu missionieren. Bauen Sie Vertrauen auf, indem Sie genau absprechen, was bei der Begegnung geschehen soll (geplanter Gesprächsverlauf, zeitlicher Rahmen).

Unterschiedlicher Umgang mit Zeit

Pünktlichkeit hat in verschiedenen Kulturen einen unterschiedlichen Stellenwert. Die Toleranz bei Zeitabsprachen ist oft sehr abweichend. Dies hat persönliche, oft aber auch kulturelle Hintergründe. Es gibt verschiedene Vorstellungen von Zeitplanung. In manchen Kulturen (z.B. in der türkischen) hat die Ankunft von unerwarteten Gästen Vorrang vor allem anderen. Selbst wenn man Verabredungen hat, müssen die Gäste bewirtet werden. Oft genug kommen Frauen aber auch aus anderen Gründen in Zeitnot. Wenn es öfters zu Zeitproblemen kommt, kann dies zu Konflikten in der Gruppe führen. Dann sollte in der Gruppe darüber gesprochen werden, warum man zu unterschiedlichen Zeiten kommt oder Absprachen nicht eingehalten werden können.

Namen richtig aussprechen

Den jeweiligen Namen richtig auszusprechen, ist ein Zeichen der Achtung und des Respekts. Manchmal bedarf dies einiger Anstrengung, da die Aussprache ungewohnt erscheint. Nach der Bedeutung des Namens fragen hilft, den Namen zu behalten. Wenn der Name schwer auszusprechen ist, kann man die Betroffene bitten, ihn mehrmals langsam zu sagen und ihn aufzuschreiben, um so den Namen einzuüben. Dies ist keine verlorene Zeit, weil der Name und seine Aussprache ernst genommen wird und damit auch der jeweiligen Person signalisiert wird, dass sie wichtig ist.

Mögliche Sprachbarrieren abbauen

Deutsch ist häufig nicht die gemeinsame Verständigungssprache. Wenn wir uns um das Übersetzen als Zeichen der Gastfreundschaft und der gegenseitigen Wertschätzung bemühen, sind verschiedene Sprachen kein Hindernis für die Verständigung. Bei der Planung des Programms ist in einem solchen Fall darauf zu achten, dass die einzelnen Elemente so gewählt sind, dass es nicht nur auf sprachliche Verständigung ankommt. Gemeinsame Ausflüge, zusammen essen oder handarbeiten bieten die Möglichkeit, auch ohne viele Worte miteinander in Kontakt zu kommen. Beim gemeinsamen Tun entstehen oft die besten Gespräche.

Auseinandersetzung mit kontroversen Themen braucht Vertrauen

Wenn eine Gruppe über längere Zeit besteht, wächst gegenseitiges Vertrauen. Das ermöglicht, dass auch kontroverse Themen miteinander – in Achtung und Wertschätzung trotz gegenteiliger Überzeugungen – besprochen werden können. Es ist aber wenig hilfreich, in einen Begegnungsprozess mit Kontroversen einzusteigen.

Wichtig bei allen Begegnungen: Keine Verallgemeinerungen

Die Frauen sollten nicht als Repräsentantinnen jeweils einer ‚Kultur' oder ‚Religion' vorgestellt und angesprochen werden: Asije Günney kann von ihren Erfahrungen und Überzeugungen als Türkin und Muslimin sprechen, aber sie steht nicht für alle Türkinnen oder Musliminnen. Heidi Müller spricht ebenfalls für sich als Christin und Deutsche, nicht für „die Christinnen" und „die Deutschen".

Reaktionen von außen

Die Teilnahme der Frauen an Begegnungen und/oder interkulturellen/interreligiösen Gruppen kann von Seiten der Familien, Bekannten und Freunden sowohl auf Unverständnis und Ablehnung, als auch auf viel Interesse stoßen. In beiden Situationen ist es wichtig, in der Gruppe darüber zu sprechen.

Das persönliche Engagement ist wichtig

Das persönliche Engagement der Leiterinnen (z.B. auch Abholen von Teilnehmerinnen mit dem Auto, persönliches Ansprechen einzelner Teilnehmerinnen und Helfen in konkreten Notsituationen) erweist sich häufig als wichtiges Element der Arbeit. Es zeigt, dass die Leiterinnen wirkliches Interesse an den Teilnehmerinnen haben und ermöglicht es den Frauen, sich auch bei Problemen und Konflikten an die Gruppe zu wenden.

Verantwortlichkeiten in einer interkulturellen/interreligiösen Gruppe miteinander teilen

Wenn es zwei Verantwortliche (z.B. eine Muslimin und eine Christin) in einer Gruppe gibt, gelingt es leichter, dass sich alle direkter angesprochen fühlen und ihre jeweiligen Vorstellungen zu Worte kommen können.
Hilfreich könnte es für die beiden Leiterinnen sein, sich im Vorfeld das Bild „Mein wichtigstes Handwerkszeug bin ich selbst!“ (siehe Abb. S. 22) zu betrachten und miteinander zu überlegen, wer welche von den dort aufgelisteten Fähigkeiten hat, und wer welche Fähigkeiten in die Gruppe einbringen möchte. Weitere für sie wichtige Fähigkeiten können beide ergänzen und überlegen, wer sich auf welche Aufgaben in der Gruppe konzentriert.

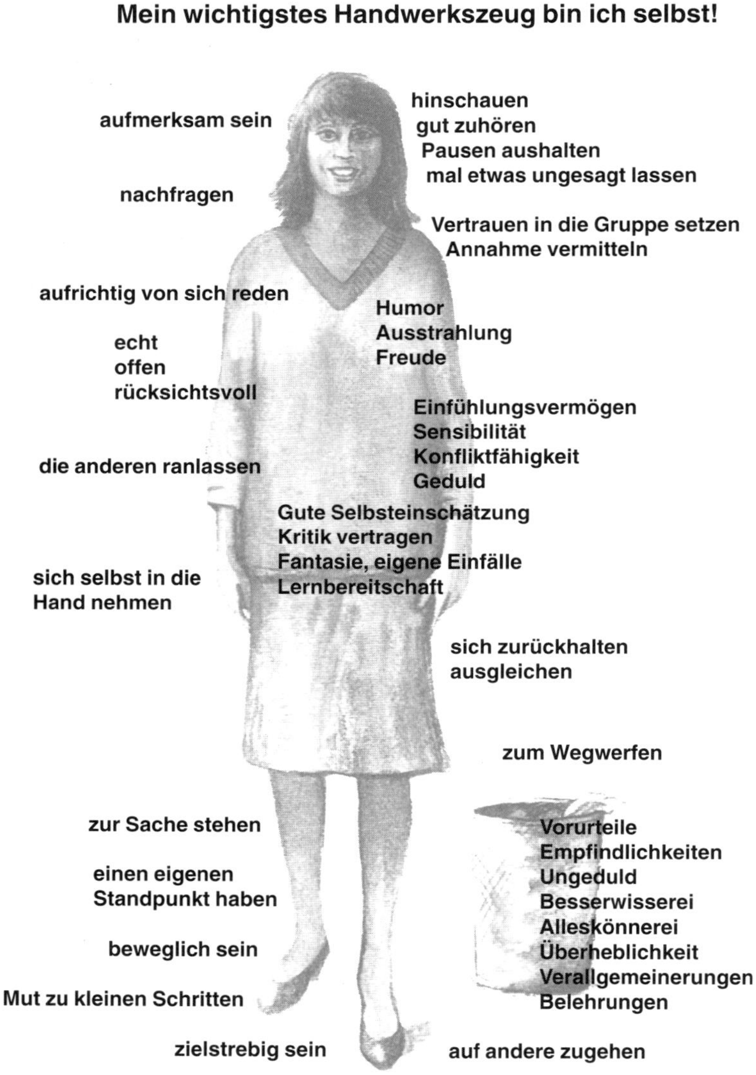

Abb.1: Mein wichtigstes Handwerkszeug bin ich selbst!

2. Einander wahrnehmen und kennen lernen

Grundlegend zu unserem Leben gehört es, Menschen zu begegnen und mit ihnen Beziehung aufzunehmen. Durch Erziehung und Erfahrung lernen wir und bilden die für uns angemessenen Formen heraus. Manche Beziehungen werden durch Wohnort, Familie oder Arbeit vorgegeben, so z.B. zu Verwandten, Nachbarinnen oder Arbeitskolleginnen. Andere wählen wir selbst, gerade wenn es um Kontakte über den eigenen „Tellerrand" hinweg geht. Ob wir uns miteinander verstehen entscheidet darüber, ob wir uns intensiver austauschen oder ob unsere Kontakte an der Oberfläche bleiben.

Wenn christliche und muslimische Frauen bewusst miteinander ins Gespräch kommen wollen, können am Anfang Neugier, Interesse oder Unsicherheit die Erwartungen bestimmen. Was auch der Beweggrund für eine Begegnung ist – sie ist mit Vorstellungen von den jeweils ‚anderen' verbunden. In diesem Kapitel finden Sie Anregungen dazu, sich diese Bilder und Vorstellungen bewusst zu machen und sie ernst zu nehmen. Es geht nicht darum, kein Bild zu haben, sondern über die eigenen Vorstellungen hinaus die anderen so wahrzunehmen, wie sie sich selbst verstehen.

Wenn sich muslimische und christliche Frauengruppen treffen, kann es interessant sein, sich über die jeweiligen Ziele der Gruppen auszutauschen, über das, was sie zusammenhält und über die gemeinsamen Aktivitäten. Hintergrundinformationen zu den unterschiedlichen Gruppen finden Sie in diesem Kapitel.

In diesem Kapitel finden Sie auch methodische Anregungen, die das erste Kennenlernen erleichtern wollen. Es ist möglich, dass Frauen bei einem ersten Treffen schnell eine gemeinsame Gesprächsebene finden und feststellen, dass sie an einem Kontakt auf Dauer interessiert sind. Manchmal kann es auch schwierig sein, in einer solchen Begegnung miteinander ins Gespräch zu kommen und sich kennen zu lernen. Einige Frauen fühlen sich vielleicht gehemmt, frei zu reden, oder finden zunächst keinen gemeinsamen Anknüpfungspunkt für ein Gespräch. In beiden Fällen können auflockernde Spiele zu einer guten Atmosphäre beitragen.

Jeder Schritt einer Begegnung sollte für sich als wichtig erachtet werden. Verstehen und gegenseitige Sympathie lässt sich nicht erzwingen. Auch Begegnungen, die keine weitere Fortführung finden, sind für sich wertvoll.

2.1 Frauengruppen in Deutschland

In Frauengruppen stärken sich Frauen gegenseitig, geben sich Halt, arbeiten gemeinsam an Verbesserungen für Frauen in den verschiedensten Bereichen und feiern miteinander. Sie schließen sich zusammen, um gemeinsam etwas zu tun. Manche existieren seit Jahren oder gar Jahrzehnten, andere lösen sich nach einiger Zeit wieder auf. Sie führen Diskussionen und Auseinandersetzungen und nicht immer läuft alles reibungslos.
Die folgenden Ausführungen geben einen kurzen Überblick in die Arbeit, Entwicklungen und Veränderungen von islamischen, christlichen und interkulturellen Gruppen und bieten im Anschluss daran methodische Möglichkeiten für Gruppen an, miteinander ins Gespräch zu kommen.

Christliche Frauengruppen

Christliche Frauengruppen und -verbände haben in Deutschland eine lange Tradition, manche existieren seit über 100 Jahren. Im Laufe dieser Zeit veränderten sich die Ziele, wechselte die Zusammensetzung und auch die Art der Arbeit. Die politische und wirtschaftliche Lage im Land und die berufliche und gesellschaftliche Situation der Frauen beeinflussten und beeinflussen jeweils, wie sich die Frauengruppen verstehen und welche Schwerpunkte sie für sich setzen.
Ein Beispiel sind die Frauenverbände der katholischen wie evangelischen Kirche. Sie gründeten sich im Zuge der Frauenbewegung des 19. Jahrhunderts, in der es um Forderungen für Frauenwahlrecht, Recht auf Arbeit für Frauen, Frauenbildung und die gesetzliche Gleichstellung für Frauen ging. Dabei organisierten sich die Frauenverbände der Kirchen – wie die anderen – in Vereinen und wurden besonders auf sozialpädagogischem und diakonischem Gebiet tätig.
Die Förderung der Frauenfrage aus der jeweils konfessionellen Sicht lag den Frauen am Herzen. In den örtlichen Gruppen trieb man die Ausbildung von Frauen für die Öffentlichkeitsarbeit und die religiöse Bildung voran. Zum Teil organisierten sie sich als Frauen- und Müttervereine, die konkret die Notsituationen von Frauen im Blick hatten und versuchten, diese durch gezielte Hilfe zu lindern. Mutterschutz, Familienhilfe, Fürsorge für Frauen, Krankenpflege gehörten ebenfalls zu den Aufgaben, die sich die Frauen stellten. Gerade die Frauengruppen der Müttervereine (heute ev.

Frauenhilfe und kath. Frauengemeinschaft) verstanden sich als Gebets- und Notgemeinschaft, die sich gegenseitig stützten.
Während der Zeit des 2. Weltkrieges boten die Frauenvereine Stütze und Halt. Die Männer waren im Krieg, verwundet oder getötet. Die Frauen mussten mit der Gefahr der Bomben rechnen, sie hatten mit der mangelnden Versorgung ihrer Kinder zu kämpfen und mussten sie allein durchbringen. Die Aufgaben kirchlicher Frauenvereine wurden heftig diskutiert: Manche beteiligten sich an den Aktionen der Nazis, die Frauen in die Kriegswirtschaft einbanden, manche spalteten sich deswegen ab. Doch viele Vereine wurden schließlich verboten, weil sie die Nazipropaganda nicht mittrugen.
Die alten Verbände wurden nach dem 2. Weltkrieg Zug um Zug neu gegründet.
Nun sahen die Frauenverbände ihre Aufgabe in der verantwortlichen Mitgestaltung von Kirche, Gesellschaft, Staat, Familie und Beruf. Dabei bestimmte die frauenspezifische Sicht der Entwicklungen in Kirche und Gesellschaft ihr Handeln. So traten z.B. einige Verbände für rechtliche Verbesserungen von Frauenarbeit ein. Ein zentrales Thema in den 80er-Jahren war der Kampf gegen Sextourismus und Ausbeutung von Frauen.
Die Gruppen geben Gemeinschaft im Glauben und ermöglichen persönliche Begegnungen. Die Alltagserfahrungen von Frauen sind genauso Thema wie ihr Bezug zu der gesellschaftlichen Entwicklung. Neben den persönlichen und religiösen Themen spielen auch Inhalte wie Frauenpolitik, kirchliche Strukturen, Fragen der Ökumene, Gerechtigkeit, Gewalt oder Macht in ihren vielfältigen Erscheinungsformen eine Rolle. Durch das Mitwirken in den Gruppen werden nicht wenige Frauen ermutigt, Ämter und Aufgaben im kirchlichen und öffentlichen Leben zu übernehmen.

Muslimische Frauengruppen

Muslimische Frauengruppen entstanden zur Zeit der Migration in den 60er-Jahren und boten Frauen die Möglichkeit, sich gegenseitig in der neuen Situation des ihnen fremden Landes Solidarität, praktische Hilfe und Informationen zu geben. Als Frauen in einem anderen Land waren sie oft der Sprache nicht so mächtig, dass sie sich alleine gut zurecht gefunden hätten. Es gab ganz konkrete Probleme des Alltags zu bewältigen und dafür waren die Gruppen eine Anlaufstelle und eine Hilfe. Solche Probleme waren: Wie finde ich eine Wohnung? Was brauche ich bei den Ämtern?

Wie bekomme ich eine Aufenthaltserlaubnis? Wer darf arbeiten? Wo gibt es einen Kindergarten oder eine Schule? Wo kaufe ich ein?
Gleichzeitig konnte man sich über die Erfahrungen im fremden Land austauschen. Den Frauen war gemeinsam, in einer neuen Umwelt zu leben, die sie vieler ihrer Kompetenzen, die sie in ihrer Herkunftsgesellschaft hatten, beraubte. Nach und nach haben sich auch Frauengruppen gegründet, die Glaubensfragen in den Mittelpunkt stellen. Meist sind diese in Moscheegemeinden beheimatet.
Heute, über 40 Jahre nach der Ankunft der ersten „GastarbeiterInnen" hat sich die Situation sehr verändert. Viele leben schon seit langem hier. Die Kinder sind hier geboren und aufgewachsen. Gleichzeitig ist und bleibt Deutschland, wie viele Länder in der Welt, ein „Einwanderungsland", in dem es dauerhaft „ausländische Frauen" – muslimische, christliche und andere – geben wird.
Die Arbeit der Gruppen ist heute anders als früher, denn die Ausbildung, die Familiensituation und die Lebensgewohnheiten unterscheiden sich von denen der 60er-Jahre. So treffen sich viele Gruppen, um gezielt Themen zu bearbeiten, sich zu informieren, gemeinsam etwas zu unternehmen oder auch nur, um mit anderen Frauen zusammenzusein. Bei anderen steht die gegenseitige Unterstützung im Mittelpunkt. Denn die Fragen nach Wohnung, Arbeit, Aufenthaltserlaubnis, Schule usw. bleiben stets aktuell und bedürfen kompetenter Beratung.
Die Stärke, die die Frauen aus ihrem gemeinsamen Arbeiten und Leben erfahren, wollen viele nicht missen und engagieren sich deshalb auch heute in Frauengruppen.

Interkulturelle und interreligiöse Frauengruppen

Auch interkulturelle Gruppen sind eng mit der Einwanderungsgeschichte Deutschlands verbunden. Sie entstanden in den 60er-Jahren, seit Frauen durch die Migration mit unterschiedlichen Muttersprachen, Kulturen, Religionen und Weltanschauungen in einer Stadt oder einem Dorf leben.
Diese Frauengruppen gründeten sich aus den Arbeitsfeldern heraus, in denen sich Frauen unterschiedlicher Herkunft und/oder Religion begegneten. Das waren Sozialverbände, Arbeiterwohlfahrt, Diakonisches Werk, Caritas, Kirchengemeinden und Einrichtungen wie Kindergärten, Schulen oder Einrichtungen aus der Stadtteilarbeit. Sie orientierten sich dabei hauptsächlich an den Bedürfnissen der Einwanderinnen, nämlich die Probleme des Alltags zu bewältigen. So wurden Sprachkurse, Nähkurse

und Hausaufgabenhilfen für die Kinder eingerichtet. Migrantinnen, die schon länger in Deutschland lebten, und einheimische Frauen waren dabei zunächst die Gruppenleiterinnen und diejenigen, die ihre Hilfe gerade bei ‚Ämterproblemen' (Aufenthaltsgenehmigung und Arbeitserlaubnis) oder Wohnungssuche anboten. So bauten auch Migrantinnen Beratungsstellen für andere Frauen auf. Manchmal waren dies zeitlich begrenzte Angebote. Sie waren häufig Grundlage für langjährige Kontakte und Freundschaften zwischen den Frauen – aus denen sich oft andere Initiativen und zeitlich begrenzte Gruppen ergaben. So lernten sich Frauen im Sprachkurs kennen und luden sich gegenseitig zum Nähkurs ein. Dabei kamen die Migrantinnen nicht immer aus dem gleichen Land oder Kulturkreis.
Diese Gruppen bezeichneten sich selbst meist nicht als „interkulturell", sondern waren es einfach durch ihre Zusammensetzung, so z.B. in Nähkursen. Das *gemeinsame Tun* verband miteinander und ließ gleichzeitig genügend Raum für Gespräche und Austausch.
Über Hausaufgabenhilfen für Kinder haben deutsche Frauen Kontakte zu Einwanderinnen bekommen und sie zu Gruppenaktivitäten eingeladen. Manchmal haben sich aus Deutschkursen interkulturelle Frauengruppen entwickelt, wo Freundschaft und der Wunsch, in einer organisierten Form weiterhin im Gespräch zu bleiben, den Anstoß dazu gaben. Einige Gruppen entstanden aus der Initiative von einheimischen Frauen, die mit Frauen, die in den Flüchtlingsunterkünften untergebracht waren, Kontakt aufnehmen, sie kennen lernen und ihnen in dieser schwierigen und neuen Situation zur Seite stehen wollten.
Interkulturelle Gruppen mit deutschen Frauen haben sich häufig die gegenseitige Unterstützung als Ziel gewählt, wobei es meist um Sprachvermittlung und Helfen bei Ämtern ging. Diese Zielsetzung hat dann dazu geführt, dass sich die „Deutschen" als die „Helferinnen" gesehen haben und die „Ausländerinnen" in die Rolle der Hilfesuchenden und Schwachen gerutscht waren. Unterschiedliche Fähigkeiten und Stärken kamen so nicht wirklich zum Tragen. „Ausländerinnen" besuchten diese Gruppen, solange sie sie brauchten und blieben weg, sobald sie alleine zurechtkamen. „Deutsche" blieben hingegen solange in der Gruppe, wie für sie dieses „Geben" wichtig war und verließen die Gruppe, wenn sie dies nicht mehr wollten. Gelang es aber in der Gruppe, zu einem gegenseitigen Geben und Nehmen zu finden, bei dem Stärken, Schwächen und Unterschiedlichkeiten ihren Raum hatten, dann entwickelten die Frauen ein gemeinsames Gruppengefühl und unterstützten sich gegenseitig.

Inzwischen sind die Zielsetzungen der interkulturellen Frauengruppen sehr weit gefächert – von berufsbezogenen Gruppen über Unterstützungsgruppen für Neueinwanderinnen zu Gesprächskreisen mit unterschiedlichen Themenschwerpunkten und Austausch-, Bastel- und Handarbeitsgruppen oder interkulturellen Elterngruppen in Kindergärten und Schulen. Religion spielte und spielt in den meisten Gruppen dann eine Rolle, wenn sie für einige Frauen der Gruppe eine große Bedeutung hat und wenn sie von den Frauen – meist im Kontext der Lebens- und Sinnfragen – eingebracht wird.

Frauengruppen, die sich selbst als interreligiös bezeichnen, gibt es nur wenige. Sie sind zumeist im Zusammenhang der christlich-islamischen Gesellschaften und Zusammenschlüsse entstanden und haben sehr unterschiedliche Zielsetzungen. Verbindend ist ihnen, dass Frauen die Gruppe als einen Freiraum erleben, in dem sie offener und freier als in geschlechtlich gemischten Gruppen darüber sprechen können, was sie bewegt. Häufiger ist jedoch, dass muslimische und christliche Frauen zu zeitlich begrenzten Seminarreihen über Islam und Christentum zusammenkommen, die von unterschiedlichen Trägern organisiert werden.

2.2 Einander kennen lernen – Methodische Anregungen

Es gibt Situationen in unserem Alltag, in denen Gespräche im Nu entstehen. Wir lernen uns kennen und sprechen miteinander ohne Scheu. Um sich näher zu kommen, brauchen wir keine besonderen Methoden. Wir vertrauen auf die eigene Intuition und Erfahrung. Diese Gespräche finden meistens zwischen zwei Menschen statt. Doch gerade in Treffen von einander bisher fremden Gruppen kann die Atmosphäre am Anfang gezwungen sein. Begegnungswege benötigen manchmal auch einer Begegnungshilfe, um miteinander ins Gespräch zu kommen. Für diesen Fall werden hier einige Anregungen gegeben.

Sich kennen lernen

Ziel: Kennen lernen der Namen und dabei auch der Personen
Material: Wand zum Aufhängen von Namensschildern; Blätter, Bleistifte
Einstieg: Der Name ist etwas Persönliches. Mit dem Namen identifizieren wir uns, ihn tragen wir ein Leben lang, er gehört zu unserer Identität. Um jemand richtig ansprechen zu können, gehört es dazu, die Namen auch richtig auszusprechen, besonders, wenn es ein nicht vertrauter Name ist. Oft passiert es, dass man am Anfang die Namen nicht richtig versteht und sich dann nicht traut, nachzufragen. Vielen ist es auch peinlich, wenn sie einen Namen vergessen haben, aber die Person schon kennen gelernt haben. Um bei weiteren Begegnungen nicht unsicher zu sein, sollten wir uns die Zeit nehmen uns die Namen einzuprägen.
Erster Schritt: Die Namen werden reihum genannt und aufgeschrieben (auch in der jeweiligen Sprache und Schrift).
Zweiter Schritt: Je zwei Frauen, die sich nicht kennen, setzen sich zusammen und erarbeiten gemeinsam einen Steckbrief. Mögliche Informationen sind:
Vor- und Nachname; wer redet mich wie an; je ein schönes und ein schreckliches Erlebnis mit dem Namen; Familienstand, Lieblingsspeise, Lieblingsfarbe etc.
Dritter Schritt: Die Frauen stellen sich in der Gruppe gegenseitig vor.
Abschluss: Die beiden Frauen stehen zusammen, wenn zum Abschluss das Lied gesungen wird „Daß Erde und Himmel dir blühen“ (s. Seite 41).

Spots in Movements[1]

Ziel: Die Atmosphäre auflockern, Gemeinsamkeiten entdecken.
Zu fröhlich-rhythmischer Instrumentalmusik bewegen sich alle durch den Raum, dann bricht die Musik ab und ein Impuls wird gerufen; alle reagieren darauf, bis die Musik erneut weitergeht. Dann bricht sie wieder ab usw.
Impulse zum lockernden Durcheinander: Möglichst viele Hände schütteln
Impuls zum schnellen Zusammenfinden:
Nach der gleichen Schuhgröße, Augenfarbe (Geburtsmonat, Lieblingsfarbe, Anzahl von Geschwistern, Lieblingsobst) ... zusammenstellen.

Zweimal Vier[2]

Ziel: Sich gegenseitig besser kennen lernen; Gemeinsamkeiten entdecken und Raum geben für persönliche Eigenheiten
Material: Für jede Vierergruppe ein Bogen Papier und 4 Stifte
Vorbereitung: Die Papierbogen können nach folgender Zeichnung vorbereitet werden.

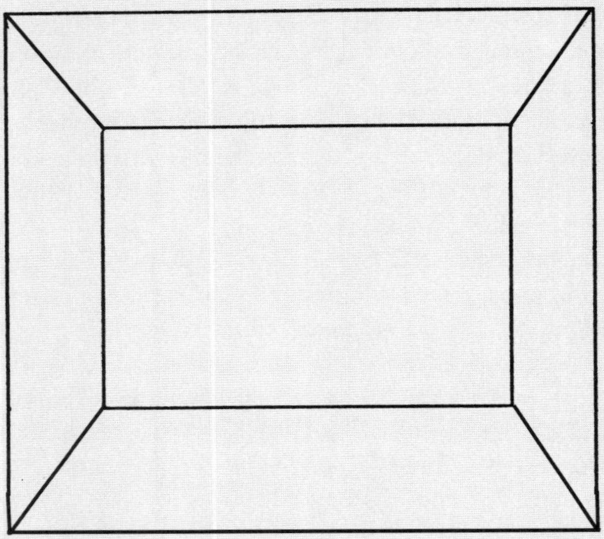

Zeit: Erster Schritt ca. 30 Min.
Einstieg: Zu Beginn wollen wir uns etwas Zeit lassen, uns gegenseitig kennen zu lernen. Darum möchte ich Sie nun bitten aufzustehen und sich jeweils zu viert zusammenzufinden, möglichst vier Frauen, die sich noch nicht kennen.
Erster Schritt: Jede Gruppe erhält eines der vorbereiteten Blätter. Die Gruppen setzen sich an die Tische (oder Stuhlkreise) und schreiben ihren Namen in die vier äußeren Seiten. Danach überlegen sie miteinander, welche vier Gemeinsamkeiten sie alle in der Gruppe verbindet. Diese werden in die Mitte des Blattes geschrieben. Im Anschluss daran versuchen sie jeweils vier Eigenschaften oder Vorlieben herauszufinden, die jede von ihnen alleine hat und sie von den anderen drei unterscheidet. Diese werden zu dem jeweiligen Namen geschrieben.
Zweiter Schritt: Im Plenum wird jede Vierergruppe gebeten, ihre Ergebnisse kurz zu präsentieren. Alle aus der Gruppe stellen sich dabei zuerst mit ihrem Namen vor. Anhand des Blattes werden die einzigartigen persönlichen Merkmale und die Gemeinsamkeiten dargestellt.

2.3 Prägende Bilder – Methodische Anregungen

Bilder prägen unsere Meinungen. Doch viele Bilder, die wir von Orten, Personen oder anderen Lebenswelten haben, sind nicht der eigenen Anschauung entnommen. Sie entstehen durch Erzählungen, Bemerkungen, Gelesenes. Die Vorstellung, die wir uns durch Erzählung oder Beschreibung von etwas machen, wird meist in ein Bild umgesetzt. Nichts veranschaulicht diese Tatsache besser, als die Enttäuschung, wenn ein zuerst gelesenes Buch verfilmt gesehen wird. Wir haben uns die Personen vielleicht ganz anders ausgemalt und bekommen durch den Film ein festes Bild, das jetzt zu dem Bild der Fantasie im Gegensatz steht. Worte schaffen eine eigene Welt, in die man eintauchen kann. Die Fantasie wandelt in jeder/m selbst die gehörte oder gelesene Welt in Bilder um. Diese sind oft genauso dauerhaft wie das, was „nur" gesehen wurde.
So entstehen auch Ansichten von anderen Menschen oder Völkern, die fremd sind. Ein äußerer Eindruck oder eine „innere Vorstellung" helfen zu bestimmen, wie „diejenigen" sind, obwohl niemand aus der Gruppe persönlich bekannt ist. „Das ist typisch", wäre so ein klassischer Satz, der zum Ausdruck bringt, dass ein allgemeines Bild gerade wieder bestätigt wird. Viele haben schon erfahren, wie mühsam es ist, von einer einmal entstandenen Beurteilung, die sich andere von einer/m gemacht haben, wieder wegzukommen. Wer als „Betriebsnudel" gilt, sieht sich dauernd mit der Erwartung konfrontiert, sich auch dementsprechend verhalten zu müssen.
Ähnliches gilt für ganze Gruppen. Vorstellungen von „Ossis" und „Wessis" mit angeblich bestimmtem Verhalten haben sich seit der Wiedervereinigung genauso breitgemacht wie von „Ausländern" und „Deutschen". Es reicht das Aussehen oder der Akzent, um ein bestimmtes Bild mit einem Menschen zu verbinden. Dies ist zunächst eine ganz normale Reaktion, die hilft, die vielgestaltige Welt zu ordnen. Sie kann aber auch schnell in Vorurteile umkippen, wenn diese Bilder sich so verfestigt haben, dass sie nicht mehr korrigierbar sind. Sie verhindern dann ein gemeinsames Gespräch, das der oder den anderen Raum gibt, sie selbst zu sein. Sich Kennen lernen kann danach sehr mühsam werden.
Bilder aus den Medien spielen in unserer Gesellschaft eine wichtigere Rolle denn je. Das Fernsehen, das für Information wie Meinungsbildung so bestimmend geworden ist, lebt vom Bild. Auch die Werbung setzt auf Bilder. Ein Parfüm, das primär den Geruchssinn ansprechen will, muss mit außergewöhnlichen Bildern von Luxus und schönen Frauen verkauft werden. Auch andere Produkte, die eigentlich gefühlt,

geschmeckt, ertastet oder gehört werden, setzen auf einprägsame Bilder, um zum Kauf zu verlocken.

Bilder sind einprägsam. Sie bringen schnell auf den Punkt, was an Erfahrungen und Erkenntnissen dargestellt werden soll. Selbst Gefühle oder Einstellungen lassen sich in ein Bild umsetzen. Ein Bild hat man oft noch lange vor Augen, während der dazugehörige Text schon bald vergessen ist. Und doch sind Bilder nur bedingt fähig, alle Facetten der Mitteilung aufzufangen. Ein Bild braucht auch eine Deutung, braucht die Präzision. Denn Bilder sind gleichzeitig vieldeutig. Sie transportieren unausgesprochene Werte, sie können emotionale Reaktionen auslösen (Mitleid, Lachen, Entsetzen), sie können Meinungen verändern, zu Gewalt stimulieren, sie können die Wirklichkeit verfälschen, weil sie selbst verfälschbar sind.

Ein Beispiel wären etwa die Bilder, die im Golfkrieg 1991 bei der ersten Pressekonferenz von Norman Schwarzkopf über die Angriffe auf den Irak gezeigt wurden. Diese Videos waren allesamt gefälscht und sind nur für das Publikum produziert worden. Ein anderes Beispiel sind die Darstellungen von Frauen in den Medien oder in der Werbung. Oberflächlich gesehen wirbt eine Frau für ein Produkt. Aber die Art der Darstellung vermittelt gleichzeitig ein ganz bestimmtes Frauenbild: Frauen als Sexobjekt, Frauen als Hausfrauen, denen nur das Putzen am Herzen liegt, oder Frauen, die von früh bis spät aktiv sind.

Die folgenden methodischen Vorschläge versuchen, von unterschiedlichen Ausgangspunkten her das Thema „Umgang mit Bildern von Fremden“ anzugehen. Die Anregungen für die Gruppenarbeit schaffen die Möglichkeit, sich mit eigenen und fremden Bildern auseinander zu setzen, die bei der Begegnung von christlichen oder muslimischen Frauen wichtig sein könnten. Es soll deutlich werden, dass es normal ist, wenn man sich ein Bild gemacht hat. Sich darüber bewusst zu werden ist aber eine wesentliche Voraussetzung für eine wirkliche Begegnung von Frau zu Frau.

Weitere Anregungen beziehen sich auf den Umgang mit den Bildern, die durch die Medien geprägt werden. Sie transportieren viel an Meinungen und Einstellungen. In den Modellen geht es darum einzuüben, Bilder zu hinterfragen und sich kritisch mit ihnen zu befassen.

Das Bild der Fremden – Gespräch über den Text: „Eine Begegnung"

Ziel: Anregung, über das Bild von Fremden nachzudenken und darüber ins Gespräch zu kommen
Material: Der Text ‚Eine Begegnung' (Text s. Seite 41); Zettel und Stifte werden für alle bereitgelegt
Hinweis für die Leiterinnen: Im folgenden Text geht es um eine Begegnung mit einer „Zigeunerin". Dieser Begriff ist sehr belastet. Möglicherweise fühlen sich die Teilnehmerinnen nicht frei, negative Gefühle zu äußern, weil sie sich kontrolliert fühlen oder vermuten, dass eine Einstellungsveränderung von ihnen erwartet wird. Stellen Sie deshalb am Anfang klar, dass es nicht um die Bewertung von Äußerungen geht, sondern um den Versuch, eigene Reaktionen zu verstehen.
Zeit: ca. 1 Stunde
Einstieg: Prägende Bilder von „den anderen" gibt es in jeder Gesellschaft. Es ist kaum möglich, dass man kein Bild von anderen und denen, die man als fremd erlebt, hat. Wichtig ist, dass man sich dessen bewusst ist und diese Bilder in Frage stellen und auch verändern kann.
Erster Schritt: Der Text ‚Eine Begegnung' wird laut gelesen. Danach bleibt ein Moment der Stille zum Nachdenken. Eine Einstiegsfrage zum Gespräch wäre: Haben Sie sich dabei in der Rolle der ‚Ich-Erzählerin' oder der ‚Zigeunerin' gesehen? Die Teilnehmerinnen werden gebeten aufzuschreiben, mit wem sie sich identifizieren. Die Zettel werden auf den Tisch gelegt.
Zweiter Schritt: Warum konnte sich jede Person gut in die jeweils genannte Rolle hineindenken? Die Teilnehmerinnen erzählen sich gegenseitig ihre Erfahrungen.
Dritter Schritt: Jede bekommt Papier und einen Stift. Die Aufgabe lautet: Versuchen Sie, die Geschichte aus der Sicht der „Zigeunerin" zu schreiben. Es können auch jeweils 2-3 Frauen gemeinsam diese Geschichte schreiben.
(Zeit: ca. 20 Minuten)
Vierter Schritt: Die Geschichten werden in der Gruppe vorgelesen. Dabei sollte auch das Gespräch möglich sein, wie es den Teilnehmerinnen dabei ging, sich in die jeweils andere Rolle hineinzuversetzen.
Abschluss: Eine der neuen Geschichten auswählen und diese noch einmal zusammen mit dem Text „Eine Begegnung" lesen.

„Ich bin ich" – Gespräch zum Text „Wünsche"

Ziel: „Fremd" ist eine Zuschreibung, die eine Mehrheit jemandem in der Minderheitensituation gibt. Umgekehrt kann auch jemand sich „in der Fremde" fühlen und so die eigene Situation beschreiben. Wer sich als fremd erfährt, hat es schwer, er/sie selbst zu sein. Die Textarbeit soll Anregungen geben, diese Situation zu erkennen.

Vorbereitung: Der Text ‚Wünsche' (s. Seite 42) wird für alle kopiert.

Zeit: ca. 1 Stunde

Erster Schritt: Der Text wird zweimal langsam und laut vorgelesen. Beim ersten Mal wird nur zugehört, beim zweiten Mal macht jede Zeichen an die Stellen des Textes, die ihr auffallen:

!, ein Ausrufezeichen, dort, wo eine wichtige Einsicht oder Erkenntnis aufgeht;

?, ein Fragezeichen für eine Stelle, die unverständlich bleibt und

→ ein Pfeil, wo sich jemand persönlich angesprochen fühlt.

Zweiter Schritt: Wenn alle ihre Zeichen eingetragen haben, wird der Text erneut laut und ganz langsam gelesen und jede begründet ihre Wahl. Alle tragen dann jeweils zu dieser Stelle ihre Erklärung oder Meinung bei. So bekommt der Text durch das gemeinsame Gespräch Profil.

Abschluss: Am Schluss des Gespräches wird der Text erneut im Zusammenhang laut gelesen.

Frauen in der Werbung – Bildbetrachtungen

Ziel: Die Frauenbilder bei Werbeprodukten in verschiedenen Ländern kennen lernen und Unterschiede und Gemeinsamkeiten entdecken.
Material: Werbeanzeigen aus verschiedensprachigen Zeitschriften
Vorbereitung: Im Vorfeld werden die Teilnehmerinnen gebeten, Bilder aus z.B. deutschen, spanischen, türkischen, marokkanischen etc. Zeitschriften und Zeitungen zum Thema Frauenbilder bei Werbeprodukten mitzubringen.
Erster Schritt: Die Bilder aus den Zeitschriften und Katalogen werden auf dem Tisch ausgelegt und die Frauen gebeten, sie sich in Ruhe anzuschauen.
Zweiter Schritt: Je zwei Frauen suchen sich ein Bild aus. Das Bild wird mit folgenden Leitfragen analysiert:
- Für welches Produkt wird geworben?
- Welche Informationen vermittelt der Text der Werbung?
- Womit wird geworben?
- Welche Rolle haben die Frauen auf dem Bild?
- Worauf sollen sie verweisen?

Dritter Schritt: In der Gesamtgruppe werden die Ergebnisse zusammengetragen und überlegt, wo es Gemeinsamkeiten und Unterschiede bei den einzelnen Werbefotos gibt. Eine weitere Frage könnte sein, ob sich das Frauenbild in der Werbung in den verschiedenen Ländern (bei unterschiedlichen Zeitschriften) unterscheidet.

Statistische Bilder

Die Statistik hat sich zu einem neuen Medium herausgebildet. Seit die technischen Möglichkeiten eine vielfältige Auswertung und auch Darstellung ermöglichen, wird man fast täglich mit solchen Zahlen bedacht. Die Programme der Computer können diese Zahlenreihen in Grafiken und Bilder umwandeln. Der Vorteil liegt auf der Hand: Auf einen Blick geben diese Kuchen, Türme, Linien einen Überblick über Größenverhältnisse und sonst mühsam zu merkende Zahlenreihen. Die monatlichen Zahlen des Arbeitsamtes, die inzwischen täglich gemeldete Kurve der Aktien, Wahlprognosen, Kriminalitätsstatistik oder sonstige Umfrageergebnisse – sie alle präsentieren sich als Zahlenbilder.
Doch auch diese Bilder sind nicht so eindeutig, wie man vielleicht vermutet. Die ermittelten Werte haben oft verschiedene Bezugsgrößen. Und je nachdem, zu welchen Bezugsgrößen eine Zahl in Beziehung gesetzt wird, fallen die Darstellungen ganz unterschiedlich aus. Die Art der Darstellung aber kann gut benutzt werden, um Meinungen zu prägen. Denn Zahlen gelten noch immer als nicht-kritisierbare Größe. Zahlen haben den Anschein, neutral und objektiv zu sein. Um zu erfahren, wie unterschiedlich Statistiken interpretiert werden können, kann das folgende Modell angewandt werden.

Die Falle der Statistik – Zahlen und ihre Bilder

Ziel: Die unterschiedlichen Darstellungsmöglichkeiten von statistischem Zahlenmaterial erkennen
Material: Statistik-Bilder (s. Seite 38 u. 39) auf Folien oder für Kleingruppen auf Papier kopieren; Overhead-Projektor
Vorbereitung: Die Folien so kopieren, dass die Bilder erst einzeln, dann je zwei nebeneinander auf den Overhead-Projektor gelegt werden können.
Hinweis für die Leiterinnen: Wenn die Gruppe nicht größer ist als 15 Personen, kann die Auswertung mit Overhead-Projektor und Folie gemacht werden. Bei größeren Gruppen empfiehlt es sich, Kleingruppen (Kopien für je 4 Frauen) zu bilden und den Gruppen die Fragen zu stellen. Die Gesamtauswertung kann wieder in der großen Gruppe geschehen. Wichtig ist, dass auch bei Kleingruppen die Reihenfolge, in der die Zahlenbilder gezeigt werden, eingehalten wird.

Eine Weiterarbeit zu diesem Thema ist möglich.[3]
Einstieg: Im Folgenden geht es darum, Zahlen und Statistiken in ihrer Darstellung näher anzusehen. Denn was so scheinbar eindeutig ist, lässt sich oft in sehr unterschiedlicher Weise darstellen. Zahlen und Grafiken stehen zudem oftmals nicht für sich. Bilder und Überschriften ergänzen sie und wollen sie dadurch zusätzlich anschaulich und einprägsam machen. Auch die Überschrift über eine Zahlengrafik liefert meist eine Interpretation mit. So entsteht der Eindruck, ein Blick genüge, um die Botschaft der Zahlen zu erfassen.
Erster Schritt: Die Folie „Auf der Suche nach Asyl" (Grafik 1) wird auf den Overhead-Projektor gelegt. Gemeinsam wird diese Statistik analysiert. Zunächst werden die Eindrücke von der Botschaft gesammelt. Alle tragen zusammen, was sie sehen und welche Information sie gewinnen, wenn sie die Zahlenreihe und das Bild sehen. Welche Elemente fördern diese Eindrücke? Angesprochen werden neben der Zahlenreihe und dem Balken auch die Eindrücke, die die Überschrift und das Bild, das der Statistik unterlegt ist, machen. Welchen Eindruck vermitteln die dort gezeigten Menschen? Warum wurde dieses Bild gewählt?
Zweiter Schritt: Die andere Form der gleichen Statistik (Grafik 2) wird allein aufgelegt. Es handelt sich um die gleiche Statistik mit den gleichen Zahlen. Alle tragen die Veränderungen zusammen.
Dritter Schritt: Die Folien werden nebeneinander gezeigt, um die Gründe der unterschiedlichen Darstellung zu erklären. (s. u. ‚Erklärung der Grafiken' Seite 37, 40)
Vierter Schritt: Dieses Modell, Statistik-Darstellungen anzusehen, wird mit den anderen Grafiken wiederholt (Grafiken 3 und 4; Text dazu s. Seite 37, 40)
Fünfter Schritt: Rundgespräch: Was hat das Experiment gezeigt? Welche Erfahrungen hatten die Einzelnen bei den Vergleichen?

Erklärung der Grafiken

„Die Aussage der ersten Grafik ist eindeutig: Von allen (aufgeführten) Ländern nimmt Deutschland mit großem Abstand die meisten Asylbewerber auf. Dem Betrachter fällt dabei nicht auf, dass die ins Auge springenden dicken schwarzen Säulen Zahlen darstellen, die für einen Ländervergleich ungeeignet sind: spätestens bei ei-

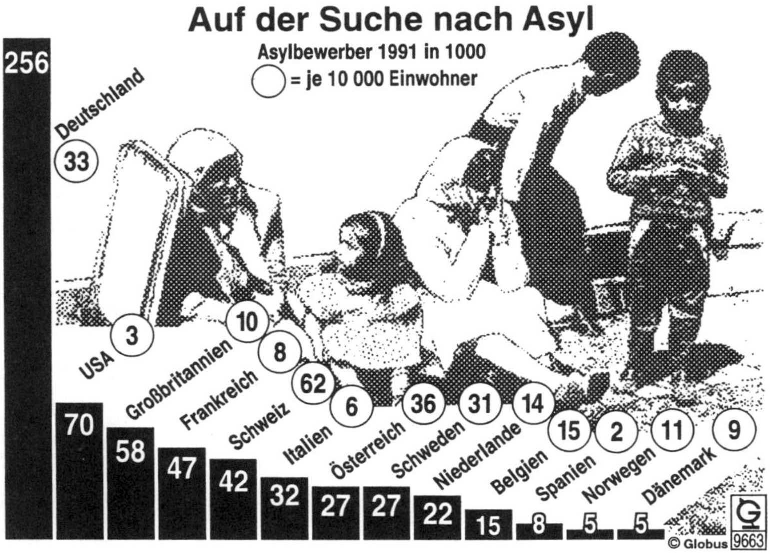

Grafik 1

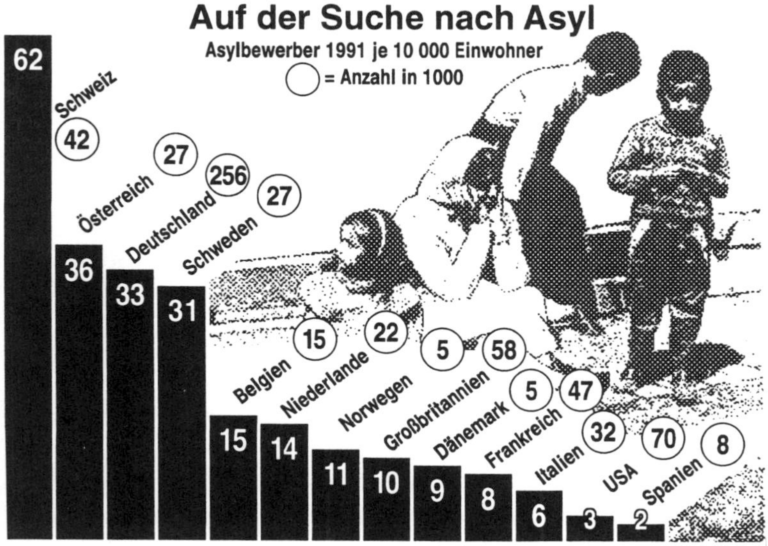

Grafik 2

Grafik 3

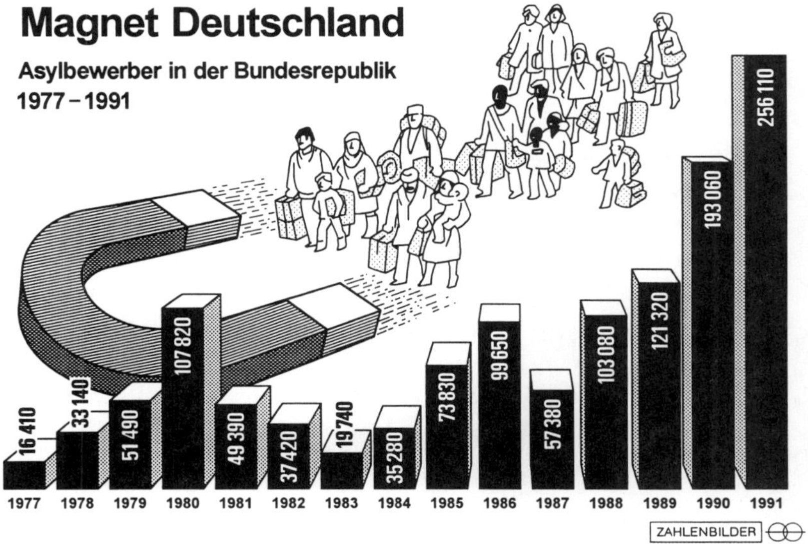

Grafik 4

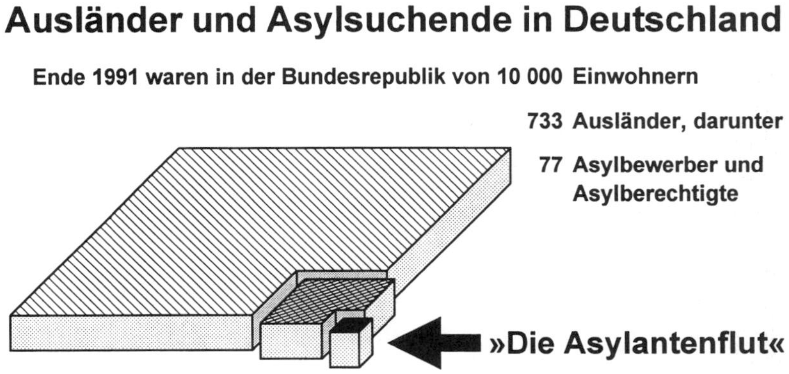

nem Vergleich zwischen den USA und der Schweiz wird deutlich, dass die dargestellte absolute Anzahl der Asylbewerber wenig aussagekräftig ist und diese Zahl auf die Größe des Landes oder die Einwohnerzahl bezogen werden müsste. Eine solche Relativierung wird in der Grafik zwar als Zusatzinformation mitgeliefert: Für jedes Land ist als eingekreiste Zahl – aber eben ohne grafische Veranschaulichung – auch die Zahl der Asylbewerber je 10 000 Einwohner angegeben. Diese Information wird jedoch kaum wahrgenommen. Wir haben deshalb die Systematik der Grafik umgedreht: Grafik 2 stellt die – für einen Ländervergleich wichtigere – Zahl der Asylbewerber je 10 000 Einwohner als Säulendiagramm dar und liefert die absoluten Zahlen als Zusatzinformation. Dadurch entsteht ein völlig anderer Eindruck. Deutschland gehört zwar immer noch zu den „führenden" Ländern, verliert aber seine herausragende Spitzenposition. Es sei nochmals darauf hingewiesen, dass die unterschiedliche Wirkung allein auf der grafischen Darstellung beruht. Beide Grafiken geben dieselben Zahlen wieder.

Auch der zweite Bildvergleich zeigt, wie sehr die Wirkung der Statistik von der gewählten Bezugsgröße abhängt. Die Grafik „Magnet Deutschland" (Grafik 3) stellt dar, wie sich die Anzahl der Asylbewerber seit 1977 entwickelt hat. Die Botschaft ‚Es werden immer mehr' wird eindrucksvoll durch die Hintergrundzeichnung und den entsprechenden Titel unterstrichen. Die angegebenen Zahlen kann man sich zwar nicht recht vorstellen, in jedem Fall aber sind sie bedrohlich groß. Besser verstehen kann man die Bedeutung solcher Größen, wenn man die Zahlen in einen wirklich sachgemäßen Zusammenhang stellt. So bezieht die Grafik ‚Ausländer und Asylsuchende in Deutschland' (Grafik 4) die Anzahl der in der Bundesrepublik lebenden Ausländer, Asylsuchenden und -berechtigten auf die Zahl der Einwohner insgesamt. Erscheint in Grafik 3 die Anzahl der 1991 neu hinzugekommenen Asylbewerber als Bedrohung, bekommt der Ausdruck ‚Asylantenflut' in Grafik 4 schon etwas Groteskes – und dies, obwohl in Grafik 4 außer den neuen Asylbewerbern des Jahres 1991 auch die in Deutschland lebenden anerkannten und ihre (vom Bundesministerium geschätzten) Familienangehörigen sowie die noch offenen Asylverfahren früherer Jahre berücksichtigt sind."[4]

Textanhang zu Kapitel 2

Eine Begegnung

Sie war gerade auf dem Weg zur Arbeit. Sie lief kauend, hatte es eilig. Die Brezel schmeckte nach Salz, nach Arbeit, nach Eile.
Sie hörte hinter ihr jemanden rufen, eine Frauenstimme: Hallo!
Dieses Hallo kam ihr nicht bekannt vor. Sie lief weiter mit dem Gedanken: „Sie ruft zum Glück nicht nach mir."
Die Frauenstimme wurde dringlicher, Hallo!
Sie blieb stehen. „Vielleicht meint sie mich? Vielleicht habe ich etwas verloren? Vielleicht braucht sie meine Hilfe?"
Als sie sich umdrehte, sah sie eine Frau mit zwei Kindern. „Das ist aber neu", dachte sie, „dass sie jemandem hinterherrufen, um zu betteln."
Es war eine Zigeunerin, mit ihren goldenen Vorderzähnen und ihren Kindern.
Als sie zu ihr kam, hatte sie ein ‚Nein' auf ihrer Zunge parat.
„Kannst du mir sagen, wo die Stadtwerke sind? Sie haben uns den Strom abgestellt."
Sie wusste nicht mehr, was sie mit ihrem paraten Nein, das mit dem Geschmack der Brezel vermischt auf ihrer Zunge lag, tun sollte.
„Ich zeige sie Ihnen." Die Kinder musterten ihre Brezel, die sie in der Hand hielt. Sie musterte ihre erwartungsvollen Kinderaugen.
„Soll ich ihnen davon etwas abgeben? Ich habe aber reingebissen."
Sie gab ihnen die Brezel. Sie sagten nicht mal ‚Danke'. *Sevda Demir*

Daß Erde und Himmel dir blühen

T: Kurt Rose
M: Herbert Beuerle
©: Verlag Singende Gemeinde, Wuppertal

Wünsche

Frag mich nicht, wer ich bin und wie ich mich fühle.
Ich könnte dir keine Antwort geben.
Ich bin schwerelos wie eine Feder,
Wie ein Luftballon,
Wie die Leere.
Mal bin ich eigenartig-fremd,
Mal interessant-exotisch,
Doch trotzdem nichts von all dem.

Nur im Unbewußten fühl ich:
Ich bin irgendwie anders als du.
Sag nicht, ich hätte nicht alles versucht.
Auch ich unterwarf mich vielen Strömungen,
Schmeichle mir nicht!
Sag nicht: „Du siehst nicht aus wie ein Ausländer!"

Sag, ich mag dich wie du bist:
Gib mir Kraft zum Anderssein.

Vielleicht bin ich nicht zivilisiert genug,
Um opportunistisch zu sein.
Meine Gefühle sind noch ungezähmt und frei.
Liebe oder Haß –
Ich reagiere nun mal unmittelbar.
Sag nicht: „Warum bist du so fremd?"

Sag, ich mag dich wie du bist:
Gib mir Kraft zum Anderssein.

Vielleicht nehme ich es zu ernst, wenn du fragst:
„Wie geht's?"
Und vergesse dabei,
Daß es mir nicht schlecht gehen darf.
Nur keine Auseinandersetzungen
Und keine langen Worte:
Ich könnte etwas preisgeben von mir.
Sag nicht: „Es ist so anstrengend mit dir."

Sag, ich mag dich wie du bist:
Gib mir Kraft zum Anderssein.

Hülya Serap Özkan, aus: Zeitschrift für Kulturaustausch, 1/1985

3. Wie und wo wir leben – Ort, Wohnung, Arbeit, Pass, Kleidung

Die Gesellschaft, in der wir leben, prägt uns. Sie bildet den gemeinsamen Rahmen und das Fundament, auf dem jede ihr Leben in Deutschland organisiert. Dieses Gemeinsame des Lebens kann ein geeigneter Ausgangspunkt für eine Verständigung und einen Austausch untereinander sein. Innerhalb dieses gemeinsamen Rahmens der Gesellschaft gibt es unzählige Varianten für die Gestaltung des Lebens. Diese Vielfalt, die durch Freiheiten wie durch Zwänge im Leben der Einzelnen entsteht, ergibt als Gesamtes das Relief einer Gesellschaft. Ob wir Arbeit haben, in welchem Viertel, welcher Stadt oder welchem Dorf wir leben, welchen rechtlichen Status wir haben, wie wir uns nach außen präsentieren, was wir glauben – dies alles bestimmt die Einstellungen zum Leben und unseren Status innerhalb der Gesellschaft.

Die eigene **Wohnung** – für viele ist dies der Ort, wo sie sich das Leben nach ihrem Geschmack einrichten können. Hier spielt nicht nur das Geld eine Rolle, sondern auch die Fantasie und Kreativität, um den Lebensraum nach eigenem Gutdünken zu gestalten. An der Art der Wohnung lassen sich die verschiedenen Vorstellungen von Lebensart darstellen. Wo fühle ich mich wohl? Brauche ich viele Dinge um mich herum, oder will ich die Wohnung eher leer haben? Müssen die Räume eng und gemütlich oder weit und großzügig sein? Ist es überhaupt möglich, die Wohnung zu finden, die man möchte oder bräuchte? Gefällt mir die Umgebung, in der ich wohne? Wie sieht mein Stadtviertel aus? Der Wohn- und Lebensraum, der einerseits durch den Ort Gemeinsamkeit schafft und andererseits durch die Art der Wohnung Unterschiede bietet, lässt gemeinsamen Austausch zu.

Arbeit – das war der erste Grund, warum Migranten/innen in hoher Anzahl gezielt nach Deutschland geholt wurden. Seitdem sind einige Jahrzehnte ins Land gegangen. Arbeit ist aber immer noch – oder mehr als früher – für alle ein prägender Faktor im Leben. Ob man eine bezahlte Arbeit hat oder nicht, ist inzwischen gesellschaftlich zu einer der Hauptfragen geworden. Wie erleben Frauen ihre Arbeit? Welche Wertschätzung erfahren sie? Was denkt jede selbst darüber? Als Frauen betrifft dieses Thema alle und bietet ebenfalls eine gemeinsame Basis, um sich auszutauschen.

Besonders aber ist das alltägliche Leben bestimmt von dem rechtlichen Status, den jede hat. Um ihren **Pass**, der für fast alle Länder gilt, müssen sich Frauen mit einem deutschen Pass kaum Gedanken machen. Doch der Pass und der damit verbundene rechtliche Status bestimmt und beeinträchtigt massiv das Leben von Migrantinnen in Deutschland. Wie viele Formen des Aufenthaltsrechts möglich und welche Rechte und Pflichten jeweils damit verbunden sind, kennen die ‚Einheimischen' oft gar nicht. Es ist eine Chance, sich darüber zu informieren und zu hören, was der Rechtsstatus für den Alltag von Frauen aus anderen Ländern bedeutet.

Kleidung – nur ein Frauenthema? Wohl kaum, auch wenn es oft genug so behandelt wird. Mit der Kleidung drücken wir unsere Persönlichkeit aus – und sind doch auch eingezwängt in die Modevorgaben und die Erwartungen, die an eine „angemessene" Kleidung zu jedem Anlass gestellt werden. Eigener Geschmack und Diktat in der Mode, in diesem Dilemma sucht jede ihren Weg. Denn: Auch Kleidung ist ein Statussymbol. Dies gilt nicht nur für die hiesige Gesellschaft, sondern für fast alle Kulturen. Besonders Frauen unterliegen der Beurteilung anhand ihrer Kleidung – und man selbst urteilt oft genug genauso. Bei islamischen Frauen ist die Kleiderfrage aus westlicher Sicht nahezu zum Synonym für Freiheit oder Unterdrückung geworden. Wer sich westlichen Standards anpasst, hat den Weg in die Freiheit geschafft, wer sich traditioneller kleidet, gehört zu den unterdrückten Frauen – so eine häufig gehörte Meinung. Auch wenn sich immer mehr Frauenverbände gegen diese Stereotypisierung wehren und islamische Frauen zunehmend ihre eigene Sicht in die Diskussion werfen – es bleibt noch ein langer Weg zu gehen, bis diese Zuschreibungen aufgebrochen sind.

Es scheint uns wichtig, dass Frauengruppen Kleidung als gemeinsamen wichtigen Bestandteil des Alltags thematisieren, denn Mode und ihre Folgen für Frauen sind inzwischen weltweit zur Frage von internationaler Frauensolidarität geworden. Das Diktat der Mode zwingt viele, noch gute Kleider wegzugeben. Für einen „guten Zweck" wird dieses „Abfallprodukt Altkleider" gesammelt. Doch an Altkleidern lässt sich vor allem gut verdienen. Wie erst in den letzten Jahren bekannt wurde, verkauft man sie auf Märkten in anderen Ländern. Dort, wo es selbst traditionelle Textilherstellung – meist in Frauenhand – gibt, zerstören die Altkleider den Markt für einheimische Produkte. Die Frauen dort verlieren ihre Verdienstmöglichkeiten und die Kultur der traditionellen, oft dem Klima angepassten, Kleidung wird durch diesen Westimport zerstört.

Auch die neuen Kleider, die bei uns billig angeboten werden, haben mit Frauen in anderen Ländern zu tun. Vor allem in Asien werden Frauen, die in Fabriken für den westlichen Markt arbeiten, ausgebeutet. Für billigsten Lohn ohne Rechte müssen sie die westliche Mode herstellen. Diese Zusammenhänge sichtbar zu machen und sich gemeinsam mit und für Frauen zu engagieren, schafft neue Solidarität über Grenzen hinweg.

3.1 Wo ich zuhause bin – Status Wohnung

Nicht da ist man daheim, wo man seinen Wohnsitz hat, sondern wo man verstanden wird.
Christian Morgenstern

„Mobilität" heißt das Schlagwort der modernen Industriegesellschaft. Die früher selbstverständlich gegebene Einheit von Wohnort und Arbeitsplatz hat sich schon lange aufgelöst. Viele wohnen längst nicht mehr da, wo sie geboren wurden. Umzüge in völlig neue Gegenden sind keine Seltenheit mehr. Immer weniger Menschen können die Frage: „Wo kommst du her?" eindeutig nur mit einer Gegend beantworten. Diese Mobilität ist gesellschaftlich gewollt. So ist nach den Vorschriften des Arbeitsamtes zumutbar, einen Arbeitsweg von zwei Stunden zur Arbeitsstelle zu haben. Die Arbeitslosigkeit verstärkt noch den Druck, wegen eines entfernteren Arbeitsplatzes auch umzuziehen.

In allen Jahrhunderten gab es aber auch Wanderbewegungen von Menschengruppen, die aufgrund spezieller Arbeit anderswo oder besonderer Ereignisse (z.B. die große Hungersnot in Irland im 19. Jh.) ihr Land verließen. In unserer Zeit bewiesen diese Mobilität die „Gastarbeiter/innen" der 60er- und 70er-Jahre. Auf der Suche nach Arbeit wechselten sie in ein neues Land und einen anderen Kulturkreis.

Mobilität ist aber auch nicht immer „freiwillig" gewählt. Wer vor schlimmen Verhältnissen flieht oder keine Chance in seinem Land oder seiner Gegend sieht, versucht in neuer Umgebung ein Leben mit Zukunft aufzubauen.

Wie aber findet man eine neue Heimat, wo kann man sich zuhause fühlen? Immer mehr Menschen müssen neu bestimmen, wo sie zuhause sind. Zuhause-Sein hat heute viele verschiedene Gesichter. Der Sprachgebrauch „Jemand ist in etwas (einem Thema, einem Beruf) zuhause" meint, dass man sich gut auskennt und mit etwas sehr vertraut ist. Zuhause könnte der Ort sein, den ich von klein auf kenne. Sich zuhause fühlen kann aber auch ein Verein mit Freunden und Freundinnen, eine Wohnung

oder die Familie sein. Eine Landschaft, ein bestimmter Duft, das Essen oder die Musik helfen, damit man sich wohlfühlt. Gemeinsam Erinnerungen teilen können, den gleichen Dialekt sprechen, gemeinsame Themen haben – vieles bestimmt, ob ich mich zuhause fühle oder nicht.
„Zuhause-Sein“ hängt aber nicht nur von jeder/m selbst ab. Ob sich jemand „zuhause“ fühlen kann, hängt stark von der Umgebung ab: Wird man angenommen oder nicht?
So erzählte eine 89-jährige Frau, die vor mehr als 70 Jahren von Hamburg wegen ihrer Heirat nach Frankfurt gezogen ist, dass sie noch Jahrzehnte als Fremde – als solche, die nicht wirklich dazugehört – galt. Erst jetzt im Kreise ihrer Urenkel, Enkel und Kinder fühlt sie sich in Frankfurt heimisch und erlebt, dass sie als dazugehörend angesehen wird.
Sich über die Frage des Zuhauseseins zu verständigen, kann für eine Gruppe eine spannende Entdeckungsreise sein. Es kann das gegenseitige Verstehen durch ein tieferes Einfühlenkönnen fördern. Auch die eigenen Bedürfnisse werden dabei bewusst. Für die eigenen Sehnsüchte und Ängste (auch die Verlustängste vor der Veränderung der vertrauten Umgebung) eine Sprache zu finden, ist ein Schritt, mit Vertrautem und Fremdem neu umgehen zu lernen.
In den folgenden Modellen kommen die unterschiedlichen Themen zur Sprache, die mit dem Thema „Zuhause-Sein“ verbunden sind. Je nach Situation, ob es um die Arbeit in „konfessionellen“ oder „interreligiösen/interkulturellen“ Gruppen geht, lässt sich das Thema mit verschiedenen Akzenten angehen.

Bildbetrachtung: Wohnen – Sich wohl fühlen

„Sag mir, wie du wohnst und ich sag dir, wer du bist“. Eine ganze Industrie lebt davon, Wohnungen einzurichten, immer wieder neue Trends zu schaffen und auf den Markt zu bringen. Neue Farben und Formen ergeben unzählige Möglichkeiten, die Grundausstattung etwa eines Wohnzimmers zu gestalten. Dazu kommen die Kombinationsmöglichkeiten mit den bisherigen Stücken, wiederaufbereitete „alte“ Möbel, Omas Lieblingsstücke oder Möbel, von denen man sich irgendwie nicht trennen kann, ohne dass sie besonderen ‚materiellen‘ Wert hätten.
Eine Wohnung zu gestalten zeigt viel von dem, was man braucht, um sich „zuhause“ zu fühlen. Zwar begrenzen oft Geld und Platz das, was man am liebsten

hätte. Aber jede versucht sich so einzurichten, dass sie sich mit Mitbewohner/innen wohlfühlen kann.
Ziel: Gespräch über die Vorgaben, die von den Möbelherstellern für ein „Zuhause-Sein“ entworfen werden.
Material: Bilder aus Zeitschriften, in denen Wohnungen mit und ohne Menschen zu sehen sind.
Vorbereitung: Bitten Sie die Teilnehmerinnen, aus Zeitschriften, Zeitungen oder Möbelkatalogen Bilder zu sammeln. Es können auch Fotos von Wohnungen mitgebracht werden.
Erster Schritt: Die Bilder werden auf dem Tisch ausgelegt und die Frauen gebeten, sie sich in Ruhe anzuschauen und zwei Bilder auszusuchen. Die Bilder können nach unterschiedlichen Aspekten ausgewählt werden:
- Wohnungen, in denen man vielleicht selbst gerne wohnen würde;
- Wohnungen, bei denen man sich teilweise wiederfindet;
- Wohnungen, die traurig machen;
- Wohnungen, die fremd sind.

Zweiter Schritt: Gemeinsam werden die Bilder betrachtet. Das Gespräch wird so geführt, dass jede zunächst das zeigt, was ihr am nächsten war und wo sie sich zuhause fühlt.
- Was ist mir zuerst ins Auge gefallen?
- Was sagen die Bilder auf das Zuhause-Sein hin aus?
- Wie wird dieses Zuhause entworfen?
- Was wünsche ich mir?

Dritter Schritt: Im gemeinsamen Austausch wird überlegt, ob die Bilder Normen setzen und was dabei vorgegeben ist.

Bildgespräch: Was macht für mich mein Zuhause aus?

Ziel: Sich bewusst werden, was das eigene Zuhause ausmacht und sich gegenseitig besser kennen lernen. Die eigenen Kriterien entdecken, die das Wohlfühlen und das Zuhause-Sein ausmachen. Unterschiedlichkeiten und Wertigkeiten kennen und verstehen lernen.
Material: Bilder von Menschen, Häusern, Läden, Kiosken, Supermärkten, Landschaften, Blumen und Bäumen, Tieren, Moscheen, Kirchen, Grabsteinen, Woh-

nungseinrichtungsprospekte (Motive finden sich auf Postkarten, in Fotoalben, in Reiseprospekten und Illustrierten). Tücher und eine Kerze zur Gestaltung einer Mitte. (Informationen zur Gestaltung der Mitte vgl. Kapitel 1 Tipps aus der Praxis für die Praxis – Raumgestaltung, Seite 18)
Hinweis für die Leiterinnen: Es sollten sehr viele verschiedene Bilder da sein, mindestens aber drei pro Teilnehmerin.
Erster Schritt: Die Bilder werden auf den Tisch gelegt. Unter der Fragestellung: „Was macht für *mich* mein Zuhause aus?" suchen sich die Frauen zwei Bilder aus, die für sie die wichtigsten Aspekte darstellen.
Zweiter Schritt: In Kleingruppen wird über diese Elemente gesprochen.
Abschluss: „Ein Mosaik des Zuhause-Seins legen."
Die Teilnehmerinnen sitzen im Kreis, die Mitte ist gestaltet. Zum Abschluss wird eine Kerze entzündet, die die Mitte meines Zuhauses anzeigt. Jede legt jetzt ihr Bild in die Mitte um die Kerze und sagt einen Satz zu dem, was für sie für ihr Zuhause wichtig ist: „Ich fühle mich zuhause, wenn..." oder „Ich bin da zuhause, wo: ..." etc.

Ich zeige dir meine/meinen Stadt/Stadtteil

Zuhause sein heißt, vertraut sein – auch mit einer Stadt, einem Stadtteil, einem Dorf.
Eine Möglichkeit, um sich kennen zu lernen, ist, gemeinsam die Wege der anderen zu gehen und die Stadt aus ihren Augen zu sehen. Bestimmte Läden, Schul- oder Spazierwege, Lieblingscafés, Hallenbad oder Stadtbibliothek sind vielleicht solche Orte, wo man nie hinkommt oder sich allein nicht hinzugehen traut. So können muslimische Frauen ihren Weg und ihren Alltag zeigen und so christlichen Frauen Einblick in ihre Welt geben. „Ich zeige dir meine Stadt" heißt, ich zeige dir mein Umfeld und meinen Alltag. Man lernt die andere kennen und entdeckt selbst vielleicht in der eigentlich vertrauten Umgebung Neues. Frauen können sich gegenseitig zu Orten begleiten, wo die andere immer schon einmal hinwollte, aber nicht dazukam, sich nicht traute, nie Zeit fand, dies allein zu erkunden.

Ziel: Auswahl von möglichen Orten oder Wegen, die gemeinsam erkundet werden können
Material: Zettel, Stifte, verschiedenfarbige Punkte
Hinweis für die Leiterinnen: Zu beachten ist, dass die gemeinsamen Wege nicht zu lange sein sollten. In südlichen Ländern ist Spazierengehen unbekannt, im Türkischen gibt es nicht einmal ein Wort dafür. Lange Wege legt man in der Regel nicht zu Fuß zurück. Auch für ältere Frauen mögen lange Wege beschwerlich sein. Deshalb vorher den Weg besprechen und einen günstigen Treffpunkt ausmachen.
Erster Schritt: Unterschiedliche „Durchgänge" mit Zetteln, wo alle Frauen für sich die folgenden Orte aufschreiben. Alternativ kann auch in der Gruppe dies jeweils durch Zuruf genannt und von den Leiterinnen auf ein großes Plakat geschrieben werden. Nennungen in fremder Sprache aufschreiben und dann übersetzen.
- was ist mein Lieblingsort;
- wo war ich noch nie;
- wo würde ich gern einmal hingehen;
- wo gehe ich einkaufen;
- welchen Weg gehe ich am häufigsten;
- wo scheue ich mich, allein hinzugehen?

Die Antworten werden in verschiedene Spalten (oder auf verschiedene Zettel) geschrieben. Im Überblick ergibt sich, dass Orte oder Wege aus unterschiedlichen Gründen genannt werden.
Zweiter Schritt: Danach können noch einmal alle Punkte vergeben. Jede hat zwei mal drei Punkte. Drei vergibt jede für das, was sie zeigen würde, drei für das, wo jede am liebsten hinginge. Aus der Auswertung kann das Programm zusammengestellt werden.

Wir empfangen Besuch

Ziel: Sich austauschen, was Besuch für die Einzelne bedeutet. Unterschiedliche Wertigkeit kennen lernen. Verstehen, was nötig ist, wenn man sich besuchen will.
Material: Der Text „Freundinnen im Gespräch“ (s. Seite 62) für alle kopieren. Ein großes weißes Plakat zum Aufhängen. Wenn Zeit genug ist, kann noch der Text „Melissa's Geburt“ (s. Seite 63 f.) dazugenommen werden; sonst ist er auch alternativ zum ersten Text zu verwenden.
Vorbereitung: Der Text sollte von zwei Frauen so eingeübt werden, dass er lebendig vorgetragen werden kann. Das große Plakat wird an die Wand gehängt.
Erster Schritt: Der Text „Freundinnen im Gespräch“ wird von zwei Frauen vorgelesen. Danach bekommen die Teilnehmerinnen den Text.
Zweiter Schritt: Ein großes Blatt Papier hängt an der Wand. Alle tragen zusammen, was bei jeder der Frauen als höflich oder unhöflich gilt. Dies wird in Spalten eingetragen, um es miteinander vergleichen zu können.
Dritter Schritt: Aus der eigenen Erfahrung mit beiden Haltungen werden in einer dritten Spalte weitere Begriffe ergänzt. Gibt es Gemeinsames? Welche Ziele haben die beiden Frauen?
Abschluss: Segen (s. Seite 172 ff.)

Woher kommen Sie? Unbewusste Verletzungen

Frauen, die mit Akzent Deutsch sprechen oder eine dunkle Haut- und Haarfarbe haben, werden häufig gefragt, woher sie kommen. Dies scheint zunächst eine harmlose Frage zu sein. ‚Einheimische‘ registrieren etwas Fremdes und fragen nach der Herkunft. Sicher geschieht dies einfach oft aus Neugier und/oder Interesse an der anderen. Doch nicht alle Gefragten können dies so empfinden. Die Frage an sich transportiert unbewusst so viel mit, dass die andere sich dadurch verletzt fühlen kann. Probleme mit der Aufenthaltserlaubnis, der Einbürgerung, der Staatsbürgerschaft, der Sprache, der offenen oder verdeckten Ausländerfeindlichkeit verunsichern. Wenn in diese Unsicherheit hinein gefragt wird und vielleicht schon negative Erfahrungen als ‚andere‘ erlebt wurden, kann diese Frage nicht mehr als reine Informationsfrage aufgefasst werden. Selbst wenn die betreffende Frau schon lange in Deutschland lebt und einen deutschen Pass hat, kann die Frage verletzen. Denn

Akzent und Hautfarbe werden von der Mehrheitsgesellschaft als Zeichen des „Fremdseins" gewertet.
„Woher kommen Sie?" – da hören manche mit: „Du gehörst nicht hierher"; „Du bist fremd hier"; „Hast du etwa vor, zu bleiben?"; „Wer zu uns gehört, bestimmen wir." Bei einem solchen Hintergrund an Erfahrungen reagieren manche auf die Frage ablehnend, gereizt oder aggressiv – und lösen vielleicht wiederum Unverständnis aus. Denn dieser Ärger bleibt ohne Erklärung. Viele wollen nicht schon wieder über das zugeschriebene Anderssein reden. Es lähmt und macht unfähig, dazuzugehören, weil andere bestimmen, ob man dazugehört oder nicht.
Auch Deutsche, die mit einem bestimmten Akzent (z.B. schwäbisch in Hamburg) anderswo leben, werden gefragt, woher sie kommen. Doch ist hier der Kontext ein anderer. Es gibt keinen möglichen Hintergrund, dass damit vielleicht ein Aufenthaltsrecht bestritten wird. Hier ist es in der Regel eine unbefangene Nachfrage, bei der man sich freundlich über die verschiedenen Gegenden in Deutschland austauscht.

Woher kommen Sie? – Unbewusste Verletzungen

Ziel: Sensibel werden für Ausgrenzungen, die verletzen können
Einstieg: (s. Einführung)
Erster Schritt: Jede Frau überlegt, ob sie sich an eine Situation erinnern kann, in der sie:
- gefragt hat: „Woher kommen Sie?" oder
- die Frage „Woher kommen Sie?" gestellt bekam.

Alle schreiben Stichpunkte auf, wie sie die Situation erlebt haben.
Zweiter Schritt: In der Gruppe wird ausgetauscht, was man bei dieser konkreten Situation erlebt hat.
- Haben Sie sich über die Frage gefreut oder geärgert?
- Bekamen Sie eine „ganz normale" Antwort?
- Hat Sie die Antwort überrascht?
- War die Frage der Einstieg zu einem anregenden Gespräch?
- War das Gespräch danach beendet?

Dritter Schritt: Weiterführung des Gesprächs je nach Zusammensetzung der Gruppe.

In einer Begegnungsgruppe:
Sprechen Sie über die je eigenen Erfahrungen mit der Frage und wie es Ihnen dabei geht. Folgende Fragen können dabei leitend sein:
- Wie empfinde ich die Frage generell?
- In welcher Situation stelle ich normalerweise die Frage – oder stelle ich sie nicht?
- Was für ein Interesse habe ich dabei?

Wenn Sie keine gemischte Gruppe sind, ist folgendes Vorgehen möglich:
Bilden Sie Kleingruppen von je vier Frauen. Jede Gruppe bekommt eine der Antworten und schreibt auf, was für ein Hintergrund für die jeweilige Antwort bestehen könnte.
„Woher kommen Sie?" – Mögliche Antworten:
1. Ich komme aus Marokko, aber ich lebe seit 20 Jahren hier in Hamburg.
2. Warum fragen Sie? Was geht Sie das an?
3. Ich komme nicht mehr, ich bin schon angekommen.
4. Ich komme aus Tunesien und lebe seit 10 Jahren in München. Schön, dass Sie fragen. Waren Sie schon einmal in Tunesien?
5. Aus Frankfurt.

Tauschen Sie die Ergebnisse in der großen Gruppe aus.
Abschluss: Text „Ich gehöre nicht dazu" (s. Seite 66)

3.2 „Arbeit ist das halbe Leben" – Status Arbeit

„Arbeitest du?" – „Nein, ich bin nur Hausfrau." An diesen klassischen Satz knüpften schon unzählige Veranstaltungen und Broschüren von Frauenverbänden und Frauengruppen an, die sich mit dem Thema „Arbeit" und hier insbesondere mit ihrer Bedeutung für die Frauen beschäftigten. Denn die Frage, was als Arbeit zählt und welche Konsequenzen diese Beurteilung hat, wird in der gegenwärtigen gesellschaftlichen Situation immer dringender.
Die Erwerbsarbeit hat inzwischen einen gesellschaftlich dominanten, ja schon einen fast allein sinngebenden Stellenwert erreicht. Nach den Bedürfnissen der (Lohn-)Arbeit muss sich die Gesellschaft ausrichten.[5] Die Forderung nach Schicht- und Sonntagsarbeit, die selbstverständlich erwartete Flexibilität im Wohnort, die Zumutung

langer Wege zur Arbeit und die dadurch verursachten Verkehrsprobleme mögen hier als Stichwort genügen. Für Frauen, die oft genug trotz aller Partnerschaft in der Ehe die Hauptlast der Familienversorgung tragen, verschärfen sich dadurch die Probleme, eine Lohnarbeit anzunehmen.

Denn Lohnarbeit dient nicht mehr nur zum Broterwerb, sondern auch der eigenen Entfaltung. Frauen erkämpften sich Zugang zu den verschiedensten Berufen. Für viele Frauen ist es heute wichtig, nicht nur wegen des Verdienstes, sondern auch zur Wahrung ihrer geistigen und sozialen Interessen einen Beruf zu ergreifen und zu arbeiten. Eine eigenständige Alterssicherung schützt außerdem davor, zu sehr abhängig zu sein.

Arbeit und Geld sind eng miteinander verknüpft. Einkommen und Rente werden heute nur daran bemessen, wie lange und in welchem Beruf jemand gegen Lohn gearbeitet hat. Alle andere Arbeit, für die Frauen traditionell oder aus bewusster Entscheidung zuständig sind, geriet als unbedeutsam ins Hintertreffen. Hausarbeit, Kindererziehung, Pflege von Angehörigen zuhause, Engagement in der Gemeinde oder die Übernahme von Ehrenämtern zählen immer weniger. Frauen haben in den letzten Jahrzehnten dafür gekämpft, dass auch diese Leistung, die Frauen erbringen, geschätzt und anerkannt wird. Der gesellschaftlichen Entwicklung entsprechend geht diese Anerkennung dahin, diese Leistungen als Arbeit zu definieren und anzuerkennen – und damit finanziell auszugleichen, wenngleich dieser Ausgleich noch in keinem gleichwertigen Verhältnis zur Leistung steht. Denn oft genug erleiden Frauen gesellschaftliche und finanzielle Nachteile aus der Arbeit, die sie leisten oder geleistet haben, weil sie nicht als Lohnarbeit zählt.

Arbeit ist zum Problem geworden. Seit langem schon fehlen genügend Erwerbsmöglichkeiten für alle. Dazu kommt, dass die Arbeitslosigkeit nicht nur ein finanzielles, sondern in erster Linie ein soziales Problem für viele bedeutet. Die bezahlte Arbeit strukturiert den Tag, sie verschafft soziale Anerkennung, sie gibt das Gefühl der Befriedigung. Mit erzwungener Untätigkeit geht vielen zunächst der Sinn ihres Daseins verloren oder sie schämen sich der Arbeitslosigkeit.

Es zeigt sich auch, dass Frauen mehr als Männer von Arbeitslosigkeit betroffen sind. Denn trotz aller erkämpften Berufsmöglichkeiten leiden die Frauen als erste darunter, wenn die Arbeit knapp wird.

Die Frage nach der Lebensqualität und dem, was die Gesellschaft benötigt, bleibt in der Diskussion um die Arbeit etwas auf der Strecke. Es ist sehr schwer, sich gegen den

Trend der Zeit zu wehren, und Selbstbewusstsein und Befriedigung nicht nur in der Erwerbsarbeit, sondern auch in den Bereichen zu finden, wo man überhaupt lebt: in den Nachbarschafts- und Freundinnenkreisen, in gegenseitiger Unterstützung, in uneigennützigem Engagement. Voraussetzung ist natürlich, dass man nicht auf einen Gelderwerb angewiesen ist.
In der Frage nach der Wertigkeit von Arbeit kann es nicht darum gehen, den einen Weg gegen den anderen auszuspielen. Es muss vielmehr darum gehen, dass Frauen die Wahlfreiheit haben, ob sie – aus welchen Gründen auch immer – arbeiten gehen können oder nicht und in dieser Wahl nicht diskriminiert oder benachteiligt werden. Da gesellschaftlich der Trend dahin geht, nicht lohnabhängige Arbeit abzuwerten, muss der Akzent darauf gesetzt werden, die Werte und Vorteile dieser Arbeit wieder neu zu beleben und durch das eigene Engagement auch das Selbstbewusstsein als Frauen zu stärken.

Collage: Die Wertung von Geld und Arbeit in den Medien

Ziel: Die Bedeutung von Geldverdienen und Erwerbsarbeit in den Medien herausarbeiten
Material: Zeitschriften mit vielen Fotos, Prospekte, Kataloge, Plakate etc.; Scheren, Klebstoff, Plakate zum Aufkleben
Zeit: ca. 60 Minuten für das Anfertigen, Auswertung ca. 30 bis 60 Minuten
Erster Schritt: Die Gruppe teilt sich in Kleingruppen von jeweils 3-4 Frauen auf. Aus den ausgelegten Materialien werden Bilder und Textzeilen gesucht, die mit Arbeit und Geldverdienen zu tun haben. Zusammen gestaltet jede Kleingruppe eine Collage.
Zweiter Schritt: Die Collagen werden gemeinsam ausgewertet. Zentrale Sätze werden formuliert, die das Bild von Arbeit und Geldverdienen in den Zeitschriften auf den Punkt bringen.
Dritter Schritt: Zusammen wird überlegt, ob diese Sätze auch die eigene Erfahrung widerspiegeln.
Abschluss: Hadith-Text (s. Seite 71)

Rundgespräch: Die Arbeit von Frauen

Ziel: Über die unterschiedliche Bedeutung von Arbeit und ihre Wertigkeit nachdenken
Material: Ein großer Bogen Papier, Stift
Hinweis für die Leiterinnen: Weitere ausführliche Materialien und Anleitungen zum Thema Arbeit und Frauen kann in den Unterlagen zur Anerkennung von ehrenamtlicher Arbeit gefunden werden. Die Unterlagen können bei den christlichen Frauenverbänden angefordert werden (Bestellung auch bei KlensVerlag).
Zeit: ca. 45 Minuten
Einstieg: Einige Sprüche über Arbeit zitieren (s. Seite 71)
Erster Schritt: Auf einen vorbereiteten Bogen Papier werden die Worte Geld, Arbeit, Lohn, Verdienst geschrieben. Unter jedem Wort soll genügend Platz sein, um sowohl etwas Negatives als auch etwas Positives hinzuschreiben, was sich aus dem Gespräch zu den folgenden Fragen ergibt.
Zweiter Schritt: Gemeinsam wird der Frage nachgegangen: Was verbindet jede mit den einzelnen Begriffen? Wie wurden sie vermittelt? Wie wird in der eigenen Familie darüber gesprochen? Stichworte aus dem Gespräch werden den einzelnen Worten zusortiert und untereinander geschrieben.
Abschluss: Gemeinsam wird versucht, Sprüche zum Thema Arbeit und Frauen selbst zu formulieren, um die eigenen Werte auszudrücken.

3.3 „...ohne Ansehen der Person" – Status Pass

Seit dem Einigungsprozess in Europa besteht Freizügigkeit innerhalb der europäischen Länder. Europäer/innen dürfen in jedem Land der EG Wohnsitz und Arbeit nehmen. Für alle anderen gilt dies nicht. Ob jemand in Deutschland bleiben darf, wie lange dies möglich ist, ob eine Arbeit angenommen werden kann – das alles unterliegt einem differenzierten System, das regelt, welche Form der Aufenthaltserlaubnis genehmigt ist. Die Art der Aufenthaltserlaubnis heißt Status. Im Pass ist der Status immer vermerkt. Für viele ausländische Frauen in Deutschland ist dieser Status entscheidend für ihre Lebensplanung. Daran hängt es, welche Perspektive die Frauen sich überhaupt aufbauen können. Oft genug führt ein vorläufiger Status zu einem ständigen Gefühl der Unsicherheit und Heimatlosigkeit. Die Arbeitserlaubnis, die

Ausbildungsmöglichkeit, die Wohnungsfrage – vieles hängt an dieser rechtlichen Einstufung.
Vielen Menschen in Deutschland, die nie damit zu tun haben, sind die komplizierten Regelungen nicht bewusst. In den folgenden Modellen geht es darum, die rechtliche Lage von ausländischen Frauen kennen zu lernen. Es sollen Informationen über die Statusmöglichkeiten gewonnen werden. Zudem wirft die Frage nach dem Pass auch die Frage nach der Identität auf. Was sagt der Pass wirklich über das Leben und Schicksal der Einzelnen aus?
Hinweis: Für viele ausländische Frauen ist der Pass ein sensibles Thema. Um über die persönlichen Umstände des rechtlichen Status sprechen zu können, benötigt man Vertrauen in der Gruppe. Bei Begegnungen eignet sich das Thema nicht als Einstieg. Günstig ist auch, wenn „deutsche" Frauen bei einem solchen Gespräch vorher schon Informationen über die Konsequenzen des rechtlichen Status bekommen haben.

Rechtliche Varianten der Passeintragungen

Ziel: Informationseinheit: Kennen lernen der rechtlichen Situation; Modelle von Passeintragungen besprechen
Material: Informationen zum rechtlichen Status von Ausländerinnen (s. Seite 68 f.); ein großes Blatt Papier
Einstieg: Das Anspiel: „Ein Gespräch zwischen zwei Freundinnen"(s. Seite 67) wird im Wechsel vorgelesen, oder: „Meine Mutter kann nicht kommen" (s. Seite 65).
Erster Schritt: Die Teilnehmerinnen schauen sich die Angaben zum Aufenthaltsstatus an. Auf einem Blatt Papier wird für jede Möglichkeit eine Spalte gebildet. Konsequenzen aus den jeweiligen Passeintragungen werden in die Spalte eingetragen (s. Kopiervorlage Seite 70).
Zweiter Schritt: Alle tragen zusammen, was sie über die einzelnen Rechte und Pflichten wissen, die sich aus der Statusfrage der Aufenthaltserlaubnis ergeben. Diese Angaben werden mit einer bestimmten Farbe eingetragen.
Danach werden die fehlenden Informationen durch die Leiterin ergänzt und mit einer anderen Farbe aufgeschrieben.
Dritter Schritt: Die Teilnehmerinnen sprechen darüber, wie viel ihnen von den Konsequenzen bewusst war.

Der Pass im Vergleich – Statusfragen

Ziel: Persönlicher Austausch über den jeweiligen Status der Gruppenmitglieder
Hinweis für die Leiterinnen: Das folgende Modell braucht eine gute, vertrauensvolle Atmosphäre. Der Pass ist ein sehr sensibles Thema. Es muss sichergestellt werden, dass niemand vermutet, es handle sich um indirekte Kontrolle. Auf eventuell eintretende Reserve eingehen und zum nächsten Modell wechseln, auch wenn von Frauen mit deutschem Pass keinerlei andere Absichten geplant sind.
Vorbereitung: Die Teilnehmerinnen bitten, ihren Pass mitzubringen.
Als Alternative vorbereiten: Kopien mit möglichen Formen des Aufenthaltsstatus (s. Seite 70)
Einstieg: Das Rollenspiel: „Ein Gespräch zwischen zwei Freundinnen“ oder: „Meine Mutter kann nicht kommen“ wird im Wechsel vorgelesen.
Erster Schritt:
a) Jede Frau (auch diejenigen mit deutschem Pass) bringen ihren Pass mit. Die Eintragungen werden verglichen und besprochen – auch die Tatsache, dass bei „deutschen“ Frauen nichts im Pass steht.
b) Die Kopien mit den Eintragungen werden angesehen.

Für alle Eintragungen gibt es auf dem Blatt Papier eine Spalte. Die Teilnehmerinnen erzählen, was ihr Pass und die Eintragung bedeutet. Dies kann durch die Informationen (s. Seite 68 f.) ergänzt werden.
Zweiter Schritt: Anhand des Einstiegs lassen sich möglicherweise Frauen ermutigen, Geschichten zu erzählen, die mit ihrem Status zusammenhängen.
Hinweis: Bei vertrauensvoller Atmosphäre lässt sich möglicherweise Schritt eins und zwei nicht trennen. Dann haben die persönlichen Geschichten Vorrang.
Abschluss: Text „Ich gehöre nicht dazu“ (s. Seite 66) oder Wünsche (s. Seite 42).

3.4 Kleider machen Leute – Status Kleidung

„Kleider machen Leute" sagt ein altes Sprichwort. Und tatsächlich nimmt man oft genug eine erste Einschätzung von Personen anhand ihrer Kleidung vor. Das bezieht sich nicht nur auf Geld, wenn z.B. jemand teure Markenkleidung trägt, sondern auch auf den Stil. Das Image unterschiedlicher Kleidung wird von der Werbung produziert und gestützt.
„Was ziehe ich an?" ist die Frage, vor der jede Frau fast jeden Tag steht. Zweckmäßig und praktisch für die Arbeit im Haus, eleganter für das Büro, salopp an der Uni, festlich für eine Einladung? Kann ich das gleiche schon wieder anziehen? Wer kennt nicht den Seufzer, sie hätte einen Schrank voll und nichts anzuziehen.
Die Kleidung zeigt viel von der eigenen Persönlichkeit. Denn allein innerhalb der einzelnen Kategorie gibt es unzählige Varianten – oder doch nicht? Die Mode diktiert viel von dem, was dann bald allgemein als schick, elegant, modern empfunden wird – bis zum nächsten Trend.
Kleidung kann auch symbolisch viel ausdrücken, sie hat Signalwirkung. Gleiche „Kluft" tragen Jugendgruppen, in Vereinen zeigt gleiche Kleidung die Zusammengehörigkeit, regionale Trachten und Traditionen signalisieren die Herkunft. Gerade im religiösen Kontext spielt Kleidung eine elementare Rolle. Die Hare-Krishna-Leute erkennt man schon von weitem am orangefarbenen, langen Gewand. Die orthodoxen Juden tragen bestimmte Kleidung, an der sie sofort als solche erkannt werden können. Priesterkleidung in der katholischen Kirche, liturgische Kleidung in den Gottesdiensten oder Ordensfrauen mit ihrer Tracht markieren Ämter oder Lebensformen in den christlichen Kirchen. Zum Teil spielt die Kleidung auch in islamischen Ländern eine Rolle. Das Kopftuch für Frauen, der Tschador im Iran gelten je nach der Tradition einzelner Regionen als Zeichen der religiösen Überzeugung. In einer Kirche nehmen Männer die Kopfbedeckung ab, im jüdischen Kontext muss bei religiösen Handlungen oder dem Betreten einer Synagoge der Kopf aber bedeckt sein. Eine Moschee betritt man nicht mit Schuhen und Frauen wie Männer müssen den Körper (oft auch den Kopf) bedeckt haben. (Zur religiösen Bedeutung von Kleidung s. Seite 155 ff.)
Schließlich wurde in den letzten Jahren auch die frauenpolitische Dimension von Kleidung deutlich. Als Käuferinnen sortieren Frauen die Kleidung aus, die nicht mehr getragen wird. „Im Schnitt kaufen deutsche BundesbürgerInnen jährlich 23 kg Textilien. Da kommt ungeheuer viel Geld zusammen. Alle Textilfirmen wollen

natürlich, dass das Geld bei ihnen landet. Sie spekulieren: Wer einmal die teure Levis 501 gekauft hat, soll auch weiterhin die Jeans bei Levis kaufen und kein preiswerteres No-Name-Produkt. Was ist aber mit denen, die sich teure Markenklamotten nicht leisten können? Sie müssen in der Clique oder Klasse ganz schön um ihr Ansehen kämpfen. Womit erwiesen wäre, dass sich Geld und Mode stark in die Beziehungen zwischen den Menschen einmischen".[6] In Tonnen werden jedes Jahr Altkleider an Sammlungen abgegeben. Doch diese bringen nicht nur Segen für Leute, die sich keine Kleider leisten können, wie jahrelang behauptet wurde. Oft verkaufen Firmen diese Kleider mit gutem Gewinn in Länder der so genannten Dritten Welt und überschwemmen dort die Märkte. Wo eine einheimische Textilindustrie vorhanden ist, verschwinden die traditionellen Stoffe, weil sie mit den billigen, in Massen importierten Kleidern nicht mithalten können. Die dort einheimischen Schneiderinnen, Weberinnen oder Färberinnen werden arbeitslos.

Frauen sind nicht nur Käuferinnen, sondern auch Produzentinnen der Kleider. Als Arbeiterinnen in Fabriken in Billiglohnländern stellen sie unter oft erbärmlichen Bedingungen Kleidung für den europäischen und amerikanischen Markt her. Die billige Bluse wird mit der Ausbeutung anderer Frauen erkauft. Die christlichen Frauenverbände haben sich in den letzten Jahren dieses Themas angenommen und unterstützen die Clean Clothes Campaign – die Kampagne für ‚Saubere' Kleidung. In diesem Zusammenhang wurden zahlreiche Arbeits- und Informationsmaterialien zum Thema Kleidung entwickelt (siehe Literaturhinweise, Seite 72).

Es zeigt sich, dass Kleidung ein Frauenthema ist – in vielerlei Hinsicht. Es eignet sich deshalb auch gut für eine gemeinsame Themenarbeit bei Begegnungen von muslimischen und christlichen Frauen. Wichtig ist, dass unter dem Thema Kleidung dabei nicht nur die Kopftuchfrage verstanden wird (dazu s. Seite 155 ff.).

Bei einer Begegnung gibt es viel Gemeinsames zu erarbeiten und auszutauschen: die generelle Einstellung zur Kleidung, der damit verbundene Status, die Tradition und die frauenpolitischen Aspekte bieten gute Ansatzmöglichkeiten. Dadurch kommt auch die eigene Haltung zur Kleidung zum Tragen und verhindert eine eingeschränkte Sicht nur auf islamische Kleidung von Frauen. Ein solcher Austausch kann dazu beitragen, den Hintergrund von bestimmter Kleidung zu verstehen – vom Trägershirt und Minirock bis zum langen Umhang. Und es verhindert, dass in der Frage nach der Kleidung jede Seite in eine Verteidigungsposition gerät.

Die folgenden Anregungen beziehen sich auf die angesprochenen unterschiedlichen Aspekte von Kleidung.

Bildbetrachtung: Mode heute – Was trägt man wo?

Ziel: Vielfalt oder Einheitlichkeit von Mode weltweit kennen lernen
Material: Modezeitschriften aus unterschiedlichen Ländern
Vorbereitung: Im Vorfeld werden die Teilnehmerinnen gebeten Bilder von Mode aus z.B. deutschen, spanischen, türkischen, marokkanischen etc. Modezeitschriften und Modekatalogen mitzubringen
Zeit: ca. 45 Minuten
Erster Schritt: Die Bilder aus den Zeitschriften und Katalogen werden auf dem Tisch ausgelegt und gemeinsam betrachtet. Die Kataloge werden nach Herkunftsort sortiert.
Zweiter Schritt: Im anschließenden Gespräch werden Eindrücke ausgetauscht. Folgende Fragen können den weiteren Austausch anregen:
– Was gilt als schick, modisch?
– Was gefällt mir daran? Was finde ich toll?
– Gibt es Unterschiede in den einzelnen Ländern?
Dritter Schritt: Fantasiereise: Was würde ich einmal ausprobieren wollen? Wenn Frauen andere Kleidungsstücke haben, kann man einmal ausprobieren, wie sich fremde Kleidung anfühlt. Oft reicht schon etwas Schminke, eine andere Kopfbedeckung oder Tücher, um einen anderen Typus von Kleidung auszuprobieren.

Kleider sind mehr als nur Sachen zum Anziehen. Sie drücken viel von der Persönlichkeit aus, sie sind Statussymbol, sie vermitteln ein Lebensgefühl.
„Sind Klamotten aber vor allem Symbole und nicht Gebrauchsgegenstände geworden, dann ändern sich auch die Verkaufsorte: Boutiquen und auch große Bekleidungsgeschäfte motzen ihre Außen- und Innenarchitektur auf, bis sie fast kleinen modernen Tempeln ähneln, mit postmodern gestylten Ladentheken, Altären vergleichbar, wo der „wahre Gott" – das Geld – verehrt wird. Und kaum ein Laden kommt ohne einlullende Hintergrundmusik oder MTV-Live vom Bildschirm aus".[7]
Die wechselnde Mode und die Ansprüche und Erwartungen an Kleidung führen dazu, dass viele Kleidungsstücke in die Altkleidersammlung wandern. Eine der Hauptkonsequenzen aus der Problematik der Altkleider ist: weniger Kleider kaufen.

Denn man kauft aus den unterschiedlichsten Gründen Kleidung: weil man etwas Bestimmtes braucht ist nur ein Aspekt. Kleidung kaufen hat mit Lust (oder Frust) zu tun, mit der Umgebung, der Gelegenheit, dem Angebot.

„Kleidungskauf" – Was bedeutet er für mich?

Ziel: Austausch und Reflexion über das eigene Kauf- und Werteverhalten zu Kleidung
Material: Kleidung der Teilnehmerinnen
Vorbereitung: Bei der Einladung darauf hinweisen, dass jede Frau ihr Lieblingskleidungsstück anzieht und ein Stück mitbringt, das ungetragen im Schrank hängt.
Einstieg: (s. Einführung)
Erster Schritt: Jede Frau stellt ihr Lieblingsstück vor und erzählt, wo und wie sie es gekauft hat und warum sie es am liebsten trägt.
Zweiter Schritt: In der nächsten Gesprächsrunde stellt jede Frau das ungetragene Stück vor und erzählt, wo und wie sie es gekauft hat und warum sie es nicht trägt. Die Beobachtungen werden anschließend aufgelistet.
Dritter Schritt: Im Gespräch wird an den Beispielen erarbeitet, ob sich der Unterschied von getragenen und ungetragenen Sachen an der Einkaufssituation (z.B. im Stress gekauft; zum Kauf überredet worden; lockendes Sonderangebot, Frustkauf etc.) festmachen lässt.
Vierter Schritt: Daran kann man gemeinsam die generelle Überlegung anschließen: Was ist in Zukunft zu beachten, um nicht unnötig Geld auszugeben?

Textanhang zu Kapitel 3

Freundinnen im Gespräch über das Gastsein und Gäste empfangen

A.: Weißt du, Frau Müller und Frau Schmidt haben schon wieder eine Stunde im Hausflur vor Frau Müllers Wohnungstür gestanden und sich unterhalten. Ich verstehe nicht, warum Frau Müller Frau Schmidt nicht in die Wohnung gebeten hat, obwohl sie sich offensichtlich viel zu erzählen und Spaß miteinander hatten. Sie könnten sich doch gemütlich hinsetzen und Tee oder Kaffee trinken.

J.: Na ja, es könnte ja sein, dass Frau Müller die Wohnung nicht aufgeräumt hat und deshalb Frau Schmidt nicht hineingebeten hat. Oder vielleicht denkt Frau Müller, dass sie Frau Schmidt gut bewirten müsste, aber vielleicht gerade keine Milch oder Kaffee zuhause hat und so keine gute Gastgeberin sein kann.

A.: Es ginge doch auch einfach mit einem Glas Wasser. Es kommt doch nicht darauf an, dass alles perfekt ist, sondern dass man nett miteinander plaudert. Wenn ich dich besuche, will ich doch auch einfach mit dir zusammensein, und nicht deine Wohnung begutachten.

J.: Das will ich hoffen! Und das ist ja auch etwas anderes. Aber für mich ist es schon ein Unterschied, wenn ich mich mit meiner Nachbarin, die ich nicht so gut kenne, im Treppenhaus unterhalte. Das ist unverbindlich, keine geht Verpflichtungen ein und weckt Erwartungen. In meiner Wohnung wäre sie mein Gast und bekommt besondere Aufmerksamkeit. Für den Gast sollte es schön sein, der Kaffee schon fertig gekocht, alles vorbereitet, damit ich mich ihm ganz widmen kann. Alles andere wäre für mich unhöflich. Deshalb ist es für mich wichtig, dass der Gast sich anmeldet, dass ich mich darauf vorbereiten kann.

A.: Dann wäre ich aber gerne mal ein richtiger Gast von dir und nicht nur deine Freundin! Aber im Ernst, ich kann mich doch genauso gut dem Gast widmen, auch wenn ich ihm nur Limonade und Kekse anbieten kann. Er ist jetzt da und das ist wichtig. Während mein Gast sitzt, kann ich uns doch gleichzeitig etwas zu essen vorbereiten. Für mich ist das nicht unhöflich. Unhöflich wäre es, wenn ich mich einfach dazu setze und ihm nichts anbiete, dann würde ich ihn als Gast nicht ernst nehmen. Man teilt, was da ist, auch wenn dies nur zwei Scheiben Brot sind. Hauptsache, man isst zusammen. Damit zeigt man, der Gast ist mir wichtig. Gastfreundschaft bedeutet für mich, dass man alles teilt, auch wenn es nur das Stückchen Brot ist. Manchmal dachte ich, ich müsste es auch so machen, wie du es beschreibst, um den Erwartungen gerecht zu werden. Aber mir ist es nie gelungen. Ich bin dazu wohl nicht geboren.

Melissa's Geburt

Zwei Freundinnen telefonieren am Abend miteinander:

A.: Du, ich habe eine große Neuigkeit! Melissa ist heute Morgen geboren, du weißt doch, meine Schwägerin und mein Bruder haben ein Kind erwartet. Heute Morgen um 6 Uhr ist sie zur Welt gekommen. Allen beiden, dem Kind und der Mutter, geht es gut.

B.: Ja und, warst du schon bei ihnen? Hast du sie gesehen? Wie sieht das Mädchen aus?

A.: Nein, ich war nicht dort. Ich habe bisher nur mit meiner Mutter gesprochen.

B.: Und was hat sie gesagt?

A.: Sie war auch nicht dort. Mein Bruder hat sie von zuhause aus angerufen. Er ist gegen Mittag nach Hause gefahren, um ein wenig zu schlafen. Deshalb habe ich auch noch nicht mit ihm gesprochen.

B.: Was – das glaube ich nicht. Du warst nicht dort. Warum denn nicht, das verstehe ich nicht!

A.: Ja, sie brauchen doch erst mal ihre Ruhe. Morgen wollte ich anrufen und dann sehen, wann ich kommen darf. Meine Schwägerin mag sich jetzt sicherlich erst einmal ausruhen.

B.: Ich verstehe dich wirklich nicht. Das wäre in meiner Familie eine große Missachtung, wenn ich nicht am ersten Tag dort wäre. Du bist doch die Schwester, da musst du doch sofort hin. Weißt du, es geht nicht darum, deine Schwägerin zu sehen und bei ihr zu sein. Aber vielleicht brauchen sie etwas. Wenn sie schlafen will oder Ruhe braucht, bist du diejenige, die sie vor der Außenwelt schützen muss. Manchmal verstehe ich euch Deutsche nicht. Wie kannst du nur hier so ruhig sitzen, mit mir telefonieren und nicht bei der jungen Familie sein?

A.: Ich dachte halt, es wäre aufdringlich. In meiner Familie war das immer so. Jeder kann sein Leben leben und lässt die anderen in Ruhe. Aber wir wissen genau, wenn wir uns gegenseitig brauchen, sind wir sofort da. Das war immer ganz o.k. so.

B.: Oje, ich glaube gerade passiert etwas. D. ist hingefallen. Lass uns Morgen wieder telefonieren und grüße die junge Familie von mir. Tschüüüüüüüüß

A.: Tschüß bis morgen.

Am nächsten Tag telefonieren A. und B. wieder miteinander

A.: Hallo B.

B.: Hallo A. Und wie?

A.: Du, ich muss dir was berichten. Unser Gespräch gestern Abend hat mich sehr nachdenklich gemacht. Ich habe dann doch gleich meinen Bruder angerufen. Er war noch zuhause und hat sich riesig über den Anruf gefreut. Und ich war froh, dass ich es getan habe. Es war einfach schön, mit diesem glücklichen Vater zu reden. Irgendwie war ich so gefangen in meinen alten Erfahrungen. Danke! Ja, und heute Morgen vor der Arbeit waren C. und ich bei der Schwägerin und der kleinen Melissa. Wir kamen genau richtig. Das war einfach nur gut.

B.: Das freut mich riesig. Ich habe mich gestern Abend einfach sehr gewundert und dich nicht verstanden, weil ich dich nicht so gut kenne. Ach übrigens, du weißt doch, ...

Thema: Pass

Rollenspiel: Meine Mutter kann nicht kommen

A. und B. sitzen zusammen bei einer Tasse Kaffee. A. ist mitten in Hochzeitsvorbereitungen. Bald kommt die Anzahl der Gäste zur Sprache.

A.: Ach, weißt du, meine Mutter kann jetzt doch nicht zu unserer Hochzeit kommen.

B.: Wieso? Geht es ihr jetzt gesundheitlich schlecht?

A.: Nein, aber sie hat kein Visum bekommen.

B.: Aber warum denn nicht? Ich denke, ihr habt schon vor Wochen alles losgeschickt.

A.: Ja, aber die Sprechzeiten im Konsulat in Istanbul sind so knapp, dass sich die Leute schon um 2 Uhr morgens im Konsulat anstellen müssen, um dann an diesem Tag noch dranzukommen. Eine Garantie ist das aber nicht. Und mein Bruder muss zur Zeit so viel in der Firma tun, dass er sich höchstens einen Tag frei nehmen kann. Ausgerechnet da hat es dann nicht geklappt. Er konnte sich aber dann nicht mehr die anderen Tage anstellen. Meine Mutter kann unmöglich selbst so lange dort stehen. Und so klappt es nicht.

B.: Aber ihr habt doch alles zusammen gehabt, oder? Was braucht man eigentlich heute, wenn man Verwandte zu einem Besuch einladen will?

A.: Das ist ein endloser Papierkram. Erst musste ich eine offizielle Einladung hinschicken. Die genügt aber nicht. Dazu brauchst du noch die Gehaltsabrechnungen der letzten drei Monate, den Mietvertrag und du musst unterschreiben, dass alle anfallenden Kosten – bei Krankheit etc. – übernommen werden. Dieses offizielle Papier hat dann sogar noch vierzig Mark gekostet. Und die Mutter musste auch noch Papiere besorgen. Warum ist dies alles nur so schwierig? Sie hat sich so gefreut, dass ihre Tochter heiratet und jetzt kann sie nicht mit uns feiern.

B.: Das ist ja schlimm. Dabei ist es doch sonnenklar, dass deine Mutter nicht hier leben will. Wie kommen sie nur darauf, dass alle hier leben wollen?

A.: Genau, es ist einfach traurig. Warum ist das deutsche Konsulat nur so? Unsere einzige Hoffnung ist jetzt, dass sie wenigstens in den nächsten Monaten kommen kann, um uns für ein paar Wochen zu besuchen. Aber da geht erst einmal der Papierkram von vorne los.

B.: Du weißt ja, wenn sie da ist, müsst ihr auf jeden Fall zu uns kommen und uns besuchen. Ich möchte sie unbedingt kennen lernen, du hast schon so viel von ihr erzählt. Und jetzt zeige mir dein Brautkleid. Ich bin schon total neugierig ...

„Ich gehöre nicht dazu" – eine Erfahrung

Eine türkische Lehrerin, mit der ich befreundet bin, sagte mir kürzlich: „Ich habe interkulturelle Erziehung satt, satt, satt. Ich will nicht zum tausendsten Mal erklären müssen, was typisch für türkische Mädchenerziehung ist und welchen Zwängen türkische Frauen unterworfen sind. Und schon gar nicht will ich mehr von all den lieben Kollegen hören, was ich ‚als türkische Frau' jetzt hier verständlicherweise empfinden sollte. Ich bin keine türkische Frau, sondern eine Frau, und ich bin keine türkische Lehrerin, sondern eine Lehrerin, nicht eine türkische Mutter eines türkischen Sohnes, sondern Nesets Mutter und kein türkisches Gewerkschaftsmitglied.
Wenn interkulturelle Erziehung dazu führt, dass ich an das gefesselt bin, was andere für türkisch halten und keine Kollegin werden kann wie andere auch, dann zum Teufel mit interkultureller Erziehung. Die Deutschen sollen aufhören, sich über uns Bilder zu machen, sondern erst mal über sich selber nachdenken."[8]

Hinweis: vgl. Text: „Wünsche" (s. Seite 42).

Ein Gespräch zwischen zwei Freundinnen

J.: Weißt du, gestern war ich wieder beim Arbeitsamt, wegen der Verlängerung der Arbeitserlaubnis für A. Jedes halbe Jahr das gleiche Theater. Dieses Mal hat wieder ein Schreiben gefehlt. Ich war so enttäuscht, umsonst dagewesen zu sein. Also war ich heute wieder dort. Und weißt du, was jetzt im Pass steht: noch zwei Jahre gültig, kann nicht verlängert werden. Im Pass steht das, an der Grenze kann das jeder sehen. Ich kann das nicht fassen.

K.: Ich kenne das. Wie oft bin ich zur Ausländerbehörde gegangen, wie oft musste ich ein zweites und drittes Mal hingehen, weil irgendein Dokument gefehlt hat, von dem mir nie jemand gesagt hat, dass es nötig sei. Jedesmal habe ich Angst, dass irgendetwas nicht stimmt und ich Schwierigkeiten bekommen könnte. Gerade beim letzten Mal war es wieder schlimm.

J.: Warum hast du mir nie davon erzählt?

K.: Warum hast du mich nie gefragt? Was dachtest du denn, dass ich eingebürgert bin?

J.: Ich weiß auch nicht. Erst jetzt komme ich darauf. Ich habe dich auch nie als Ausländerin gesehen, nur als meine Freundin, mit der ich so viel gemeinsam habe. Und dann ist es ja doch so: ich habe darüber nicht nachgedacht, weil ich so etwas nie tun musste.

Aber wenn ich ehrlich bin: Ich hätte sicher Hemmungen gehabt, dich danach zu fragen, wenn ich daran gedacht hätte. Irgendwie wäre es mir wie ein Bruch vorgekommen, wenn ich dich das fragen würde. Dann würde ich dich auch als Ausländerin stempeln. Ich weiß, dass du da sehr feinfühlig bist. Vielleicht hättest du gedacht, dass ich dir sage: Du gehörst nicht ganz dazu. Wir sind nicht gleich, wir können eigentlich keine Freundinnen sein.

Und du? Warum hast du nie davon gesprochen?

K.: Manchmal habe ich es einfach vergessen. Oder ich wollte nicht darüber reden. Wollte nicht daran erinnert werden, darauf festgenagelt werden. Dachte, es interessiert dich nicht. Ich wollte dich nicht damit belasten, wollte meine Situation wenigstens bei dir nicht bloßstellen und ich wollte nicht das Gefühl erwecken, dass ich dich ausnutze, dass du mit mir zur Ausländerbehörde gehen müsstest.

J.: Was heißt hier ausnutzen. Du bist doch meine Freundin!

Informationen zum Status

„Das Ausländergesetz differenziert den Aufenthaltsstatus entsprechend dem Zweck des jeweiligen Aufenthalts“:
Die **Aufenthaltsbewilligung** ist eine Aufenthaltsgenehmigung, die den Aufenthalt auf einen ganz konkreten Zweck beschränkt. Nach Wegfall dieses Zwecks müssen Ausländer die Bundesrepublik grundsätzlich wieder verlassen. So erhalten ausländische Studierende auf Antrag eine Aufenthaltsbewilligung, die einen Aufenthalt nur zur Durchführung des Studiums zulässt.
Die **befristete Aufenthaltserlaubnis** ist eine Grundlage für einen Daueraufenthalt. Mit Zunahme der Aufenthaltsdauer verfestigt sich der Aufenthalt.
Die **unbefristete Aufenthaltserlaubnis** ist die erste Stufe der Verfestigung des Aufenthalts. Unter weiteren Voraussetzungen kann sie nach fünfjährigem Besitz der befristeten Aufenthaltserlaubnis beantragt und erteilt werden.
Die **Aufenthaltsberechtigung** ist im Rahmen des Ausländergesetzes der beste und sicherste Aufenthaltsstatus. Sie kann unter weiteren Voraussetzungen nach achtjährigem Besitz einer Aufenthaltserlaubnis auf Antrag erteilt werden.
Die **Aufenthaltsbefugnis** ist ein Aufenthaltsstatus, der insbesondere aus humanitären Gründen erteilt wird. Die Aufenthaltsbefugnis wird in der Praxis vor allem Bürgerkriegsflüchtlingen auf Antrag erteilt. Die Verlängerung der Aufenthaltsbefugnis hängt grundsätzlich davon ab, dass die humanitären Gründe weiter bestehen. Nach achtjährigem Besitz einer Aufenthaltsbefugnis kann jedoch eine unbefristete Aufenthaltserlaubnis erteilt werden.
Die **Duldung** ist keine Aufenthaltsgenehmigung, sondern hat nur den Inhalt, dass der Staat auf eine Abschiebung der Ausländer/innen verzichtet. Sie kann auf Antrag erteilt werden, wenn ein/e Ausländer/in eigentlich rechtlich verpflichtet ist, die Bundesrepublik zu verlassen, er aber nicht abgeschoben werden kann, weil dem rechtliche oder tatsächliche Hindernisse entgegenstehen (Beispiel: Der Heimatstaat will den/die Ausländer/in nicht aufnehmen, oder im Heimatstaat droht dem/der Ausländer/in die Todesstrafe).

Neben dem genannten Aufenthaltsstatus des Ausländergesetzes gibt es noch die **Aufenthaltsgestattung**. Sie ist der Aufenthaltsstatus, den Asylbewerbende zur Durchführung des Asylverfahrens in der Bundesrepublik auf Antrag erhalten. Werden Asylbewerbende als Asylberechtigte im Sinne des Grundgesetzes anerkannt, erhalten sie eine unbefristete Aufenthaltserlaubnis; werden sie als Flüchtling im Sinne der Genfer Flüchtlingskonvention anerkannt, erhalten sie eine Aufenthaltsbefugnis.

Weitere Bestimmungen:

Zur Verlängerung des Aufenthalts in Deutschland müssen die Betroffenen unterschiedlich häufig zur Ausländerbehörde gehen – zwischen alle drei Monate und einmal im Jahr. Der Aufenthaltsstatus hat unmittelbare Konsequenzen für die Erteilung einer Arbeitserlaubnis. Eine Arbeitserlaubnis benötigen Arbeitnehmer und Arbeitnehmerinnen, die nicht Deutsche im Sinne des Art. 116GG sind und hier eine Beschäftigung ausüben wollen, sofern in zwischenstaatlichen Vereinbarungen nichts anderes bestimmt ist. Arbeitnehmer und Arbeitnehmerinnen aus Mitgliedsstaaten der Europäischen Union und ihre Ehegatten bzw. Kinder benötigen keine Arbeitserlaubnis. Türkische Staatsangehörige sind trotz des Assoziierungsabkommens mit der EU nach wie vor arbeitserlaubnispflichtig.
Asylbewerber und Asylbewerberinnen, die in einer Aufnahmeeinrichtung wohnen müssen, dürfen während dieser Zeit keine Erwerbstätigkeit ausüben.
Für Nicht-EU-Bürgerinnen und Bürger gilt, dass die Arbeitsämter vor der Erteilung oder Verlängerung einer allgemeinen Arbeitserlaubnis prüfen müssen, ob für die besagte Stelle nicht eine Deutsche oder eine EU-Bürgerin zur Verfügung steht. Diese Prüfung sollte mindestens vier Wochen dauern, um ggfs. eine andere Bewerberin zu finden.[9]

Green-Card: Aufenthaltserlaubnis seit August 2000 für 20.000 außereuropäische Computer-Experten für eine Gesamtaufenthaltsdauer von bis zu 5 Jahren. Die Verordnung gilt auch für ausländische Studierende, die in Deutschland erfolgreich ein Studium mit Schwerpunkt Informations- und Kommunikationstechnologie abgeschlossen haben.

Kopiervorlage: Mögliche Formen des Aufenthaltsstatus

Aufenthaltsbewilligung	
Befristete Aufenthaltserlaubnis	
Unbefristete Aufenthaltserlaubnis	
Aufenthaltsberechtigung	
Aufenthaltsbefugnis	
Duldung	
Aufenthaltsgestattung	

Spruchsammlung zum Thema „Arbeit“

Bibel

„Im Schweiße deines Angesichts sollst du dein Brot essen.“ (*Gen 3,19*)
„Wie Essig den Zähnen und Rauch den Augen ist der Faule für den, der ihn schickt.“ (*Spr 10, 26*)
„Es ist umsonst, daß ihr früh aufsteht, und euch spät erst niedersetzt, um das Brot der Mühsal zu essen; denn der Herr gibt es den Seinen im Schlaf.“ (*Ps 127,2*)
„Eine tüchtige Frau, wer wird sie finden?“ (*Spr 31,10*)
„Seht euch die Lilien an, sie arbeiten nicht und spinnen nicht. Doch ich sage Euch: Selbst Salomo war in all seiner Pracht nicht gekleidet wie eine von ihnen.“ (*Lk 12,27*)
„Die Hand des Fleißigen erringt die Herrschaft, die lässige Hand muß Frondienste leisten.“ (*Spr 12,24*)

Koran

„Der Mensch soll auf seine Nahrung schauen.“ (*Sure 80,24*)
„Denjenigen, die Gold und Silber horten und es nicht auf dem Weg Gottes spenden, verkünde eine schmerzhafte Pein.“ (*Sure 9,34*)

Volksmund

„Jede Arbeit ist ihres Lohnes wert.“
„Wer nicht arbeitet, soll auch nicht essen.“
„Geld allein macht nicht glücklich.“

Hadith

Als der Vers: „Denjenigen, die Gold und Silber horten und es nicht auf dem Weg Gottes spenden, verkünde eine schmerzhafte Pein“ (*Sure 9,34*) herabkam, waren wir mit dem Gesandten Gottes auf einer seiner Reisen. Einige seiner Begleiter sagten: Dieser Vers wurde in bezug auf Gold und Silber herabgesandt. Wenn wir nur wüßten, welches Geld besser (als dies) wäre, würden wir es erwerben.
Da sagte der Gesandte Gottes: Besser ist eine Zunge, die (Gottes) gedenkt, ein dankbares Herz und eine gute Gattin, die den Gläubigen in seinem Glauben unterstützt. *Tirmidhi.*[10]

Literaturhinweise zu Kapitel 3

Weitere Literaturangaben und Material zum Thema „Kleidung“:

- Material zur Situation indonesischer Textilarbeiterinnen, in: Deutsches Weltgebetstagskomitee (Hrsg.), Ideen und Informationen. Indonesien, Stein 2000, S. 116-127
- Material zur Frage der Altkleider, in: Deutsches Weltgebetstagskomitee (Hrsg.), Ideen und Informationen. Ghana, Stein 1995, S. 76-81

Beide o.g. Arbeitsbücher sind zu beziehen über die Ev. Frauenhilfen oder: Bayerischer Mütterdienst, Schriftenversand, Postfach 12 40, 90547 Stein, Tel.: 0911-6806156; Fax: 0911-6806177.
Studie zu: „Indonesische Billigproduktion für deutsche Modemultis“, November 1999 sowie
weitere Materialien zum Thema Textilien und Altkleider:

- Südwind – Institut für Ökumene und Ökologie, Lindenstraße 58-60, 53721 Siegburg, Tel.: 02241-53617; 02241-67801; Fax: 02241-53108; E-Mail: suedwind.institut@t-online.de
- Dachverband FairWertung e.V., Schillerstraße 46, 48155 Münster, Tel. 0251-60336
- Clean Clothes Campaign: Evangelische Frauenarbeit in Deutschland, Emil-von-Behring-Str. 3, 60439 Frankfurt, Tel.: 069-958012-0; Fax: 069-958012-26

4. Schwestern im Glauben: Frauengestalten des Christentums und des Islam

Eine große Anzahl von Frauen aus den Glaubenstraditionen genießen eine hohe Verehrung. Frauen, die zu Heiligen wurden, werden um ihre Fürsprache gebeten. Sie haben durch ihren Glauben an Gott und ihr Wirken Menschen fasziniert, die Erinnerung an sie wurde bewahrt.

Wenn wir uns mit christlichen und muslimischen Frauen der Vergangenheit beschäftigen, holen wir sie in unsere Gegenwart und geben ihnen Raum. Immer wieder kann man entdecken, dass wir uns in ihren Fußspuren bewegen, oft, ohne es zu wissen. Denn viele Frauen waren und sind bis heute für die jeweilige Glaubensgeschichte wichtig.

Das Denken, Leben und Lehren unserer Vorgängerinnen ist nicht unwichtig, nur weil sie vor uns gelebt haben. Ohne sie gäbe es die heutige Tradition nicht. Und doch spielen die Frauentraditionen nur selten eine Rolle, wenn heute in den beiden Religionen Theologie gelehrt wird. Besonders Frauen haben immer wieder die Kraft und Bedeutung ihrer Vorgängerinnen neu entdeckt und für sich lebendig werden lassen und sich am Leben und der Lehre ihrer „Schwestern im Glauben“ orientiert. Sie geben die Überlieferungen und Frömmigkeitsformen weiter.

Trotz dieser Wertschätzung gilt aber auch: Nicht alles muss für uns heute gleich wichtig sein. Man kann niemals die ganze Tradition der eigenen Religion für sich umsetzen und gleich wichtig finden. Entscheidend ist vielmehr, dass der Schatz der Überlieferung beibehalten wird. Manches spricht vielleicht erst in späteren Jahren, Jahrzehnten oder Jahrhunderten neu zu Menschen. Manche Frauen sind heute vielleicht nur für einige wichtig. So ist es erlaubt, Traditionen für sich selbst als wichtig oder unwichtig zu entdecken, sie beiseite zu legen oder aus ihnen Kraft und Mut zu schöpfen.

In dem folgenden Kapitel werden je zwei Frauen der islamischen wie der christlichen Tradition vorgestellt. Innerhalb der jeweiligen Zeit bzw. religiösen Tradition bemühten wir uns um Frauen, deren Funktion innerhalb ihrer Religion zueinander vergleichbar ist, die aber natürlich ihre je eigene Geschichte haben. Die Auswahl lautet:

- Maria bzw. Maryam, die Mutter Jesu;
- Chadidscha, die Frau Muhammads, und Lydia, die Purpurhändlerin, beides Frauen der ersten Generation von Gläubigen;

Dieses Kapitel soll dazu beitragen, Traditionen und Bedeutung von Frauen der eigenen wie der je fremden Glaubensgeschichte kennen zu lernen. Dabei stellt sich auch die Frage nach der Bedeutung für heute und/oder für jede selbst. Wir laden dazu ein, auf den Spuren von Frauen etwas über das Christentum und den Islam zu erfahren.

4.1 Maria

Das Bild Marias in den Evangelien und in der Theologie

„Sei gegrüßt, du Begnadete! Der Herr ist mit dir!“ *(Lk 1,28)* – So grüßt nach dem Evangelisten Lukas der Engel Gabriel die junge Frau Maria aus Nazareth, die mit Josef aus dem Hause Davids verlobt war. Lukas berichtet ausführlich über die Geburtsgeschichte Jesu. Nach der lukanischen Erzählung sagt der Engel weiter: „Fürchte dich nicht, Maria, denn du hast bei Gott Gnade gefunden. Du wirst ein Kind empfangen, einen Sohn wirst du gebären: dem sollst du den Namen Jesus geben. Maria sagte zu dem Engel: Wie soll das geschehen, da ich keinen Mann erkenne? Der Engel antwortete ihr: Der Heilige Geist wird über dich kommen, und die Kraft des Höchsten wird dich überschatten. Deshalb wird auch das Kind heilig und Sohn Gottes genannt werden. ... Denn für Gott ist nichts unmöglich. Da sagte Maria: Ich bin die Magd des Herrn; mir geschehe, wie du es gesagt hast.“ *(Lk 1,30-38)*
Die Nachfrage und die Zustimmung Marias zeigt, dass sie dem Engel bewusst antwortet und sich aus ihrem eigenen Willen dafür entscheidet.
Kurz darauf besucht sie ihre Verwandte Elisabeth, die ebenfalls schwanger war. *(Lk 1,5-25)*. „Gesegnet bist du mehr als alle anderen Frauen, und gesegnet ist die Frucht deines Leibes“! *(Lk 1,42)* So begrüßt nun Elisabeth Maria und spricht weiter: „In dem Augenblick, als ich deinen Gruß hörte, hüpfte das Kind vor Freude in meinem Leib. Selig ist die, die geglaubt hat, dass sich erfüllt, was der Herr ihr sagen ließ.“ *(Lk 1,44-45)* Maria ist erfüllt von diesen Worten und der Verkündigung und besingt in dem nun folgenden Psalm *(Lk 1,46-55)* – der Magnifikat genannt wird – die prophetische Verheißung des neuen Messias, auf den das Volk Israel wartete. Es ist Ausdruck ihres tiefen Gottvertrauens und Hoffnung auf Gottes Wirken in der Zukunft.

Auch der Evangelist Matthäus berichtet von Maria, die „durch das Wirken des Heiligen Geistes“ ein Kind erwartete. Matthäus kennt die Verkündigungsgeschichte von Maria nicht, sondern bei ihm erscheint ein Engel dem Verlobten Marias, Josef. Er wollte sie zunächst verlassen, als er erfuhr, dass sie schwanger war. Ein Engel Gottes erschien ihm dann jedoch im Traum und sprach: „Josef, Sohn Davids, fürchte dich nicht, Maria als deine Frau zu dir zu nehmen; denn das Kind, das sie erwartet, ist vom Heiligen Geist.“ *(Mt 1,20)*
Bei Lukas wiederum wird erzählt, dass Maria als hochschwangere Frau mit Josef von Nazareth nach Bethlehem gehen musste. Kaiser Augustus hatte eine Volkszählung angeordnet. Weil Josef ursprünglich aus Bethlehem stammte, musste er sich mit seiner Familie dort eintragen lassen. Da sie in dem Ort keine Unterkunft fanden, gebar Maria Jesus in einem Stall und legte ihn in eine Krippe.
Matthäus berichtet weiterhin auch von einer Flucht vor Herodes nach Ägypten, dem verkündigt wurde, dass der König der Juden gerade geboren sei und der deshalb Jesus umbringen wollte *(Mt 2)*. Nach ihrer Rückkehr lebte die Familie Jesu in Nazareth *(Mt 2,23)*.
Das Johannesevangelium setzt einen eigenen Akzent. Maria war bei Jesus zu Beginn seines öffentlichen Auftretens *(Joh 2,1-11)* und stand unter Jesu Kreuz *(Joh 19,25)*, wo Jesus sie der Fürsorge des Jüngers, den er lieb hatte, anvertraute *(V. 26f.)*.
Im Markusevangelium schließlich, das gar keine Geburtsgeschichte kennt, kommt aber durch die Zeilen auch zum Ausdruck, dass Jesus mit der eigenen Familie Konflikte hatte *(Mk 3,31-35)*. Eine deutliche Bezugnahme auf Maria als Teil der frühen Gemeinde steht in der Apostelgeschichte 1,14, wo von ihr und den Jüngern gesagt wird, dass alle stets beieinander waren, ‚einmütig im Gebet‘.
Legendär ist der Aufenthalt und Tod Marias in Ephesus, der antiken Weltstadt und dem alten Kultzentrum für die Göttin Artemis und Isis. Ephesus bekam bald für das frühe Christentum eine wichtige Bedeutung, unter Kaiser Konstantin entstand die große Marienkirche.
(alle Bibelstellen s. Seite 79)

Aspekte des Bildes Marias in der Theologie

Prophetin Maria

Lukas zeichnet sie in seiner Erzählung der Verkündigungsgeschichte *(Lk 1,26-38)* als Frau, die bewusst dem Ruf Gottes antwortet und damit in der alttestamentlichen Berufungs- und Prophetentradition steht. Sie ist nicht eine willenlose Ja-Sagerin, sondern entscheidet sich aus eigenem Willen. Ihr Lied, das Magnifikat *(Lk 1,46-55)*, besingt die prophetische Verheißung des neuen Messias, auf den das Volk Israel wartete. Die Theologie in den lateinamerikanischen Ländern, die traditionell durch große Marienfrömmigkeit geprägt ist, versteht das Lied der Maria in einem befreienden Sinn. Denn das Lied der Maria verkündet ja nicht weniger als den Umsturz aller Werte der Welt: „Er stürzt die Mächtigen vom Thron und erhöht die Niedrigen. Die Hungernden beschenkt er mit seinen Gaben und lässt die Reichen leer ausgehen" *(Lk 1,52-53)*. Maria wird von den Armen und Niedrigen als ihre Helferin und Hoffnungsträgerin sehr verehrt. Sie wird wahrgenommen als eine Frau, die das anbrechende Reich Gottes kommen sieht. Sie wird zur Frau, die als Prophetin einen Gott verkündet, der auf Seiten der Armen steht, der Ungerechtigkeit aufhebt und dessen Reich bald anbricht.

Maria als Jungfrau

Frauen haben sich aufgemacht, die Bedeutung Marias als Jungfrau neu zu erforschen. Viele empfinden eine rein biologische Sichtweise der „Jungfrau Maria" für das heutige Glaubensverständnis als ungenügend. Und tatsächlich lässt sich ein neuer Zugang zu den Glaubensaussagen gewinnen, wenn man die Textgeschichte des Lukas-Evangeliums näher betrachtet.
Lukas schreibt in einer griechisch geprägten Welt. Er ist – wie seine Gemeinde – gebildet durch die Philosophie und Lebenseinstellung, die im ganzen Mittelmeerraum beherrschend war. Seine Heilige Schrift ist die griechische Bibelübersetzung des Alten Testaments. Diese Übersetzung war in der jüdischen Gemeinde von Alexandrien angefertigt worden, weil außer den Religionsgelehrten niemand mehr Hebräisch verstand oder gar sprach. Griechisch, die allgemein übliche Sprache auch im Römischen Reich des Ostens, sollte die Texte verstehen helfen. In diese Übersetzung flossen natürlich auch Begriffe ein, die durch ihren eigenen griechischen Hintergrund geprägt waren.

Lukas zeichnet Maria als Prophetin, in Fortsetzung der alttestamentlichen prophetischen Verkündigung. Er greift deshalb auch ein Verheißungswort des Propheten Jesaja auf, das dieser an die damalige Königin von Juda gegeben hat: „Die junge Frau wird einen Sohn gebären und sein Name wird Immanuel sein“ *(Jes 7,14)*. In der griechischen Fassung heißt es aber: „Die Jungfrau wird einen Sohn gebären.“
Lukas fällt nicht einem Übersetzungsfehler zum Opfer, sondern verwendet diesen Begriff ganz bewusst. In der griechisch-römischen Welt war es ein Zeichen besonderer Herrscherwürde, wenn jemand „von einer Jungfrau“ geboren war. Wir haben es hier also zunächst mit einer Würdebezeichnung zu tun: Jesus ist der höchste Herrscher, er ist König und wird als Messias die Welt regieren. Es geht Lukas um die besondere Hoheit Jesu. Die Traditionsgeschichte aber hat diese Aussage zu oft nur wörtlich auf Maria bezogen und nicht den eigentlichen theologischen Inhalt über Jesu Hoheit in den Vordergrund gestellt. Als Jungfrau und Mutter wurde Maria verehrt. Dadurch war sie als Vorbild für Frauen unerreichbar.

Maria in der Volksfrömmigkeit
Für viele Menschen ist Maria in der Verehrung zur Königin des Himmels und schützenden Mutter, zur den Menschen nahen Trösterin und zur Mittlerin zwischen Mensch und Gott geworden. In der katholischen Volksfrömmigkeit in aller Welt steht Maria vielen Menschen wohl am nächsten, näher als Gott und auch näher als Jesus selbst. Ihre Gestalt war und ist besonders in den Volkstraditionen oft verflochten und gleichgesetzt mit anderen heiligen Frauen der eigenen regionalen Kultur.
In der Volksfrömmigkeit, die Maria als Königin und Mittlerin verehrt, äußert sich die, wenn auch gebändigte, Sehnsucht der Menschen nach einer weiblichen Kraft im Gottesbild. Gerade in Zeiten der Verkündigung eines drohenden und strafenden Gottes, in Zeiten, wo Höllenangst vorherrschte, stellte Maria für Frauen, aber auch für Männer in besonderer Weise ein Gegengewicht dar. Sie, die die Menschen schützend unter ihren Mantel nahm, wie es unzählige Darstellungen der Schutzmantelmadonna illustrieren, war die Zuflucht vieler Menschen in Nöten. In Maria konnte vom Volk eine Art Widerstand gelebt werden gegen eine Gottesverkündigung, die zu sehr von männlich-herrschenden Bildern geprägt war. Mütterlichkeit konnte so im Bereich Gottes angesiedelt werden.

Arbeit am Magnifikat

Ziel: Den prophetischen Charakter des Magnifikats entdecken
Material: Text des Magnifikats (Lukas 1,46-55) kopieren, Stifte
Zeit: ca. 60 Minuten
Erster Schritt: Magnifikat laut lesen
Zweiter Schritt: Die Teilnehmerinnen bekommen den Text in die Hand. Sie markieren alle Aussagen, die das Reich Gottes charakterisieren.
Dritter Schritt: Die Teilnehmerinnen schreiben in einer Spalte die Merkmale des Reiches Gottes untereinander und lassen dabei Platz. Sie ergänzen in einer zweiten Spalte das Gegenteil des Reiches Gottes.
Vierter Schritt: Jetzt schreiben alle Teilnehmerinnen mit ihren Worten, was „Reich Gottes" heute heißen könnte.
Alternative: Die Teilnehmerinnen drücken die verschiedenen Merkmale des Reiches Gottes mit Farben aus.
Fünfter Schritt: Austausch über die Aussagen zum Reich Gottes.
Abschluss: Das Magnifikat noch einmal lesen.

Das Porträt Marias nachzeichnen

Ziel: Die biblischen Traditionen zu Maria unterscheiden lernen und zu einem Porträt zusammenstellen
Material: Bibeln, Stifte, Papier
Vorbereitung: Zusammenstellen aller Bibelstellen zu Maria (Angaben s. Seite 79)
Hinweis für die Leiterinnen: Der vierte Schritt, das Zusammentragen von weiteren christlichen Marientraditionen, sollte möglichst nur in einer christlichen Gruppe geschehen, da alle anderen sonst ausgeschlossen sind. Denkbar wäre auch eine vorherige Absprache, falls die muslimischen Teilnehmerinnen an dem Thema Interesse zeigen.
Einstieg: In der Bibel gibt es verschiedene Überlieferungen zu Maria. Im Laufe der Zeit sind diese Traditionen durch die Verehrung Marias, besonders durch die Volksfrömmigkeit, erweitert worden. Es geht heute darum, das biblische Porträt von Maria herauszuarbeiten. Dabei gibt es in den verschiedenen Evangelien unterschiedliche Tradierungen. Sie gilt es zunächst getrennt kennen zu lernen, um danach ein Gesamtporträt zusammenzustellen.

Erster Schritt: In Kleingruppen werden die Informationen zusammengestellt, die jeweils in einem Evangelium und der Apostelgeschichte über Maria enthalten sind. Die Gruppen bekommen die betreffenden Bibelstellen an die Hand (s. unten).
Zweiter Schritt: Im Plenum stellt jede Gruppe das vor, was bei ihrem Text über Maria vorkam.
Dritter Schritt: Aus den unterschiedlichen Angaben wird dann gemeinsam ein Porträt Marias und ihr „Lebenslauf" zusammengestellt.
Vierter Schritt: Im Plenum wird ausgetauscht, welche Traditionen zu Maria bekannt waren oder was bisher fremd war. Was hat besonders angesprochen? Desweiteren kann thematisiert werden, welche Traditionen aus dem christlichen Bereich die Teilnehmerinnen über die Bibeltexte hinaus kennen (für christliche Gruppen).
Abschluss: Das Magnifikat oder ein Mariengedicht lesen oder ein Marienlied singen (s. Seite 94-95).

Bibelstellen zu Maria:
Mt 1, 16-24; 12, 46-50; 13,55
Mk 3,31-35; 6,3
Lk 1,26-56; 2, 1-7. 16-20. 33-51; 8, 19-21; 11,27
Joh 2,1-12; 6,42; 19, 25-27
Apg 1,14

4.2 Maryam

Maryam im Koran und der Tradition

„O Maryam, Gott hat dich auserwählt und rein gemacht, und Er hat dich vor den Frauen der Weltenbewohner auserwählt." (Sure 3,42)[11]

Diese Erwählung geschah schon vor ihrer Geburt. So wird im Koran überliefert, dass Maryams Mutter, in der Tradition Anna genannt, Maryam schon vor ihrer Geburt Gott weihte: „Mein Herr, ich gelobe Dir das, was in meinem Leib ist, und weihe es

Dir. Nimm es von mir an. Du bist der, der alles hört und weiß." *(Sure 3, 35)* Nach der Geburt betete Anna zu Gott und erflehte für ihre Tochter und ihre Nachkommen Seinen Schutz gegen den Teufel: „Mein Herr, ich habe da ein Mädchen geboren ... Und ich habe sie Maryam genannt. Und ich suche bei Dir Zuflucht für sie und ihre Nachkommenschaft vor dem gesteinigten Satan." *(Sure 3,36)* Nach dem Koran ist der Satan der Feind der Menschen *(Sure 35,6; 2,168)*, der gemeinsam mit den Dämonen versucht die Menschen zu verführen und ins Unglück zu stürzen. *(Sure 114, 1-5)* „Da nahm sie ihr Herr auf schöne Weise an und ließ sie auf schöne Weise heranwachsen." *(Sure 3,37)* Anna hielt ihr Gelübde und brachte Maryam zu Zakaria in den Tempel, wo sie heranwuchs. Im Koran heißt es über diese Zeit im Tempel: „Sooft Zakaria zu ihr in das Heiligtum trat, fand er bei ihr Lebensunterhalt. Er sagte: „O Maryam, woher hast du das?" Sie sagte: „Von Gott. Gott beschert Unterhalt, wem ER will, ohne (viel) zu rechnen." *(Sure 3,37)*

Von einem Boten Gottes wird ihr die Geburt eines Jungen verheißen. Maryam erwidert darauf erstaunt: „Wie soll ich einen Knaben bekommen? Es hat mich doch kein Mensch berührt, und ich bin keine Hure." Er sagte: So wird es sein. Dein Herr spricht: „Das ist Mir ein leichtes. Wir wollen ihn zu einem Zeichen von Uns machen. Und es ist uns eine beschlossene Sache." *(Sure 19,20 f)* „So ist es; Gott schafft, was Er will. Wenn Er eine Sache beschlossen hat, sagt Er zu ihr nur: Sei!, und sie ist". (*Sure 3,47*)

Sie war der Körper, in dem Isa aufblühen sollte. Sie war eine schwangere Frau, die sich den Tod wünschte, sich laut anklagte. Der Koran aber weiß sie zu trösten: „Die Wehen ließen sie zum Stamm der Palme gehen. Sie sagte: „O wäre ich doch vorher gestorben und ganz und gar in Vergessenheit geraten!" Da rief er ihr von unten her zu: „Sei nicht betrübt. Dein Herr hat unter dir Wasser fließen lassen. Und schüttle den Stamm der Palme gegen dich, so lässt sie frische, reife Datteln auf dich herunterfallen. Dann iss und trink und sei frohen Mutes." *(Sure 19, 23-26)*

Maryam, ein Zeichen für die Gläubigen

Es ist keine Frage, dass Maryam die Frauengestalt im Koran ist, der die größte Aufmerksamkeit gegeben wird. 70 Verse beziehen sich auf sie und sie wird 34 mal mit Namen genannt. Nur Moses, Abraham und Noah werden häufiger oder ähnlich häufig mit Namen genannt wie sie.

Maryam wird im Koran zusammen mit ihrem Sohn als ‚Zeichen für die Menschen' bezeichnet *(Sure 23,50)*. Sie ist ein Zeichen Gottes für die Menschen, an denen sein Handeln abgelesen werden kann. Zugleich gilt sie, wie auch die Frau des Pharaos, als Typus des glaubensbereiten Menschen und als Vorbild für die Gläubigen *(Sure 66,12)*. Maryam stellte die Anforderungen Gottes über diejenigen der menschlichen Autoritäten ihrer Zeit und hatte es dementsprechend schwer. Diese Haltung wird im Koran als ‚siddika' bezeichnet, was so viel wie ‚gerecht', ‚fromm' auch ‚wahrhaftig' bedeutet. Als ‚siddika' werden außer ihr nur noch Abraham *(Sure 19,41)*, Idris *(Sure 19,56)* und Joseph *(Sure 12,46)* bezeichnet.
Maryam ist eine der wenigen Frauen, die namentlich im Koran erwähnt wird. Sogar Sure 19 trägt ihren Namen, einfach ‚Maryam' nicht ‚die Mutter Jesu', wobei ihr Name mit dem Propheten Isa in Verbindung gebracht wird, was im Koran häufig vorkommt wie z.B. : „Isa, der Sohn Maryams."
Sure 3 ist nach dem Namen ihres Vaters Imran „Die Sippe Imrans" genannt. Dies alles zeigt, welch hoher Stellenwert ihr im Koran beigemessen wird. Es ist auch ein Zeichen für ihre Verehrung, dass der Erzengel Gabriel zu ihr gesandt wird; der Engel, der davon lebt, Gott anzublicken; derjenige, der zu Muhammad die Offenbarung gebracht hat. Zu ihrer Verehrung trägt auch bei, dass sie die Mutter des letzten Propheten vor Muhammad ist.

Maryam in der Tradition

In der Tradition, im Herzen der Menschen lebt sie bis heute. Viele Mädchen werden nach ihr benannt. Ihr angebliches Grab in der Türkei in der Nähe von Ephesus ist ein ‚heiliger' Besuchsort vieler Frauen, die sich an ihre Fürbitte bei Gott wenden. Sie wird von Frauen sehr verehrt, weil sie in Vertrauen und Liebe zu Gott das schwere ‚Schicksal' auf sich genommen hat, ein vaterloses Kind zu gebären und aufzuziehen. Viele Frauen, die sich mit ihrem Schicksal allein gelassen fühlen, identifizieren sich mit ihr. Andererseits liegt ihre Verehrung darin, Isa geboren zu haben. Sie wird in der islamischen Tradition zu den am meisten verehrten Frauen gezählt: Asiya, Frau des Pharaos, Chadidscha, erste Ehefrau Muhammads und Fatima, ihre Tochter von Muhammad. Auch wird sie in der Überlieferung als erste Person angesehen, die in das Paradies eingetreten ist.
Das Mevlud-i Scherif, ein Gedicht, das zur Ehre der Geburt Muhammads von Süleyman Tschelebi (gest.1419) verfasst wurde, wird in der Türkei immer noch fast zu je-

dem wichtigen Anlass, nicht nur am Geburtstag des Propheten, rezitiert. Durch den Mund Aminas (Mutter Muhammads) wird erzählt, was sie am Ende ihrer Schwangerschaft erlebte:

„Wurden sichtbar auch drei Huris mir alldort.
Mancher sagt, dass einer dieser holden Drei
Asiya, ganz wunderschön, gewesen sei.
Eine war Maryam, das war deutlich klar,

Und die dritte eine zarte Huri war.
Kamen die drei Mondgesichtigen liebreich an,
Boten ohne Zögern mir den Gruß sodann,
Kamen her und setzten sich im Kreis um mich,
Fröhlich Muhammads Geburt verkündend sich.“[12]

Wichtige Koranstellen zu Maryam: Suren 3,33-47; 19,16-34

Überlieferung des Korans zu Maryam

Ziel: Die Überlieferungen des Korans zu Maryam kennen lernen
Material: Texte zu Maryam im Koran, Sure 3,33-47; Sure 19,16-34; Tücher, Symbole (z.B. etwas für die Stichworte Geburt, Palme, Tempel, Sprechen, Reinheit, Vorbild)
Einstieg: Kurze Einführung zur Bedeutung Maryams als Mutter Jesu (Isa), (s. Einführung Maryam).
Erster Schritt: Die Korantexte über Maryam werden an alle verteilt und laut gelesen.
Zweiter Schritt: Gemeinsam wird ein Porträt Maryams nach der koranischen Überlieferung erarbeitet (s. auch die Einführung).
Dritter Schritt: Für jede markante Kennzeichnung Maryams werden Tücher als Markierung verwendet, evtl. einzelne Symbole für die jeweilige Charakterisierung dazulegen.
Abschluss: Das „Porträt“ wird nochmals durch das Lesen der Sure 19,16-34 verdeutlicht; an jedem Symbol/Tuch wird ein Licht entzündet.

Austausch über Traditionen zu Maria/Maryam

Ziel: Traditionen zur Verehrung von Maria/Maryam kennen lernen
Hinweis für die Leiterinnen: Dieses Modell kann nur nach Vorabsprache mit den muslimischen und christlichen Frauen durchgeführt werden. Im Vorfeld wird mit den Frauen vereinbart, ob sie dazu etwas sagen können und wer evtl. ein Foto/Bild/Postkarte oder ein Symbol/Gegenstand dazu mitbringen kann.
Zu beachten ist, dass religiöse Symbole möglichst nicht einfach auf den Boden gelegt, sondern einen gestalteten Platz bekommen sollten.
Einstieg: In islamischer wie in christlicher Tradition spielt Maria/Maryam eine wichtige Rolle in der Volksfrömmigkeit. Ein Beispiel: Ephesus gilt in den christlichen wie islamischen Traditionen als Ort des Grabes Marias/Maryams. Deshalb pilgerten und pilgern noch heute Christen/innen wie Muslime/innen nach Ephesus, um den Segen Marias/Maryams zu erbitten. Im Orient gibt es viele Orte, wo christliche und islamische Traditionen an einem Ort haften und als gemeinsame heilige Orte verehrt werden. Ephesus wird besonders von Frauen besucht; wenn Frauen ein uneheliches Kind gebären, gilt Maryam als Beschützerin der Frauen. Am 15. August (Fest Maria Himmelfahrt) wird dieser Ort von katholischen Christen/innen aufgesucht.
Erster Schritt: Gemeinsam werden Traditionen der Verehrung Maryams/Marias zusammengetragen, die den Teilnehmerinnen aus eigenem Erleben bekannt sind. Die Traditionen werden aufgelistet.
Zweiter Schritt: Gemeinsamer Austausch über Traditionen der Verehrung von Maria/Maryam: Jede Teilnehmerin erhält die Möglichkeit, über eine ihr wichtige Tradition zu berichten. Dieser Austausch kann nach folgenden Gesichtspunkten erfolgen:

- Welche Traditionen der Verehrung Marias/Maryams habe ich schon erlebt?
- Was ist mir an dieser Tradition wichtig?

Während des Erzählens legt die Teilnehmerin ihr Symbol/Bild/Gegenstand in die Mitte und erzählt davon.
Dritter Schritt: Anhand der Symbole tauschen die Teilnehmerinnen aus, was sie von den anderen Erfahrungen angesprochen hat, wo es Parallelen gibt oder große Unterschiede.

Hinweis: Es sollte darauf hingewiesen werden, dass keine Wertung der Berichte erfolgt, weil das je eigene Erleben oder die Bedeutung für jede Einzelne Raum bekommen soll.
Abschluss: Text zu Maria/Maryam aus der Bibel und dem Koran oder der Tradition (s. Seite 79 und 82)

4.3 Chadidscha

Einführung zu Chadidscha

Aus der Entstehungszeit des Islam werden viele Frauengeschichten überliefert. Dabei spielt das Leben und Verhalten der Frauen des Propheten Muhammad eine zentrale Rolle. Eine der herausragenden Persönlichkeiten ist Chadidscha, die erste Frau Muhammads. Sie hielt zu Muhammad in der Zeit, als er noch in Mekka lebte und aufgrund seiner Verkündigung des einen Gottes sehr angefeindet war. Chadidschas Unterstützung war hier besonders wichtig, weil Muhammad in Mekka nur wenige Anhänger/innen gewinnen konnte. Er wurde sogar bedroht, so dass er 622 nach Christus mit seinen Anhänger/innen nach Medina zog. Dieses Datum ist der Beginn der islamischen Zeitrechnung (abgekürzt H. für „Hidschra", wörtlich „Auswanderung, Einreise").
Das Leben der Frauen Muhammads hat speziell für Musliminnen bis heute Vorbildcharakter. Die zahlreichen Überlieferungen über ihre Lebensweise dienen vor allem dazu, Musliminnen richtiges Verhalten in allen Lebenslagen zu zeigen. Im Folgenden wird die traditionelle Überlieferung zu Chadidscha dargestellt.
Chadidscha, die Tochter des Chuwailid ibn Asad ibn Abdalazza, lebte im siebten Jahrhundert in Mekka. Sie war die erste Person, die sich zum Islam und seinem Propheten bekannte, die erste Ehefrau des Propheten Muhammad. Sie gehörte zu dem einflussreichen Zweig ihres Stammes der Quraisch, der traditionell ein Handelsstamm war. „Sie war damals unter den quraischitischen Frauen die edelste an Abstammung, die Vornehmste und Reichste..."[13] Sie besaß ein Geschäft und ließ Männer für eine bestimmte Gewinnbeteiligung mit ihren Waren handeln. Muhammad

gehörte zu ihrer Belegschaft. Schon im Kindesalter verwaist, wuchs er bei seinen verschiedenen Verwandten, die aus dem einflusslosen und armen Zweig der Quraisch stammten, auf. Muhammad, der ehemalige Hütejunge, war durch seine Zugehörigkeit zu den Quraisch dazu bestimmt, Händler zu werden. Da er durch seine Zuverlässigkeit, Ehrlichkeit und seinen guten Charakter unter den Leuten in Mekka bekannt war, zog er bald Chadidschas Aufmerksamkeit auf sich. Sie beauftragte ihn damit, mit ihren Waren in Syrien zu handeln. Er führte ihren Auftrag mit großem Erfolg aus. Das beeindruckte sie sehr.

Die Erzählungen berichten aber auch von Vorzeichen des Prophetentums auf der Handelsreise. Ein Sklave, den sie zu seiner Begleitung mit nach Syrien schickte, erzählte ihr etwas Interessantes, was er unterwegs erlebt hatte. Der Sklave berichtete ihr, dass Muhammad sich auf dem Weg nach Syrien in den Schatten eines Baumes in der Nähe der Klause eines Mönches setzte, worauf dieser den Sklaven aufmerksam machte: „Nur Propheten haben unter diesem Baum gesessen.“[14] Er erzählte ihr auch, dass zwei Engel unterwegs mit ihrem Schatten den auf dem Kamel reitenden Muhammad vor der glühenden Sonne geschützt hätten.

Nach den Überlieferungen wird der Eindruck erweckt, dass dies Chadidschas Überlegung verstärkte, ihn zu heiraten. Sie ließ Muhammad zu sich rufen und machte ihm einen Heiratsantrag. „O Sohn meines Oheims, ich liebe dich aufgrund unserer gegenseitigen Verwandtschaft, deines hohen Ansehens in deiner Familie, deiner Redlichkeit, deines guten Charakters und deiner Ehrlichkeit.“ Ahnte sie vielleicht von seinem Prophetentum? Oder wusste sie die Äußerungen ihres Vetters Waraqa, eines gelehrten Christen, dem sie von den Berichten ihres Sklaven erzählte, richtig zu deuten? Dieser sagte zu ihr: „Wenn dies wahr ist, Chadidscha, dann ist Muhammad wahrlich der Prophet dieses Volkes. Ich weiß, dass für dieses Volk ein Prophet zu erwarten ist. Seine Zeit ist nun gekommen.“[15]

Die Überlieferung berichtet, dass viele angesehene Männer sie gerne geheiratet hätten und dass in ihrer Familie ihre Entscheidung für Muhammad nicht gern gesehen wurde. Sie setzte jedoch ihren Willen durch und heiratete ihn. Für sie war es die dritte Ehe, für Muhammad die erste. Sie hatte schon Kinder, war schon über vierzig, er gerade fünfundzwanzig Jahre alt, so erzählt die Überlieferung. „Nun war Chadidscha eine entschlossene, edle und kluge Frau mit allen Eigenschaften, mit denen Gott sie hatte auszeichnen wollen.“[16]

Im Jahre 610 in Mekka widerfuhr Muhammad die erste Offenbarung. Von der Be-

gegnung mit dem Erzengel Gabriel überwältigt, kam er zitternd zu Chadidscha und rief: „Bedeckt mich! Deckt mich zu!“ Sie hüllten ihn in Decken ein, bis die Furcht von ihm gewichen war.
Später erzählte er ihr, was ihm widerfuhr. Er sagte: „Ich hatte schreckliche Angst.“ Chadidscha erwiderte: „Aber nein, bei Gott! Niemals wird Gott dir Schaden zufügen! Du hast doch ein gutes Verhältnis zu deiner Verwandtschaft und behandelst die Menschen stets wohlwollend; du unterstützt den Bedürftigen, bewirtest den Gast und stehst denen bei, die sich in einer unglücklichen Lage befinden.“
Nach einer anderen Überlieferung hatte Chadidscha sich inzwischen Sorgen um Muhammad gemacht, schickte ihre Boten, um nach ihm zu suchen, doch sie kamen erfolglos zurück. Von Muhammad ist überliefert, dass er sagte: „Ich kam zu Chadidscha, setzte mich an ihre Seite und schmiegte mich eng an sie. Ich erzählte ihr, was ich gesehen hatte. Da rief sie aus: ‚Freue dich, Sohn meines Oheims, und sei standhaft! Bei Dem, in Dessen Hand meine Seele liegt, wahrlich, ich hoffe, du wirst der Prophet dieses Volkes sein.‘“
Sie glaubte ihrem Mann, ermutigte ihn auf seinem Weg, der auch ihr Weg war. Sie versuchte mit ihrer ganzen Kraft ihn davon zu überzeugen, dass er nicht träumte oder verrückt war, sondern ein Prophet. Sie war diejenige, die ihren Mann zu ihrem Vetter Waraqa brachte, damit dieser ihn von seinem Prophetentum überzeugen konnte: „Du bist der Prophet dieses Volkes. Der Engel Gabriel ist zu dir gekommen, wie er zu Moses kam.“
„Chadidscha ... stand ihm in seinem Bemühen zur Seite. Dadurch erleichterte Gott ihm seine Last, denn immer wenn Muhammad auf üble Ablehnung und Verleumdung stieß und darüber traurig war, ließ Gott es ihn bei ihr vergessen, sobald er zu ihr nach Hause kam, da sie ihn bekräftigte und stärkte, an ihn glaubte und ihn über das Verhalten der Leute beruhigte.“[17]
Chadidscha sollte die erste Gläubige des Islam werden. „‚Wen soll ich rufen? Wer wird an mich glauben?‘ fragte Muhammad sie eines Tages ... Glücklich darüber, dass er nicht mehr an seiner neuen Mission zweifelte, rief Chadidscha aus: ‚Du kannst zumindest mich rufen, mich, vor allen anderen Menschen, denn ich glaube an Dich!‘“[18]
Als Muhammad das tägliche Gebet auferlegt wurde, brachte er ihr bei, wie er es von Erzengel Gabriel gelernt hatte, wie die Waschung zum Gebet durchzuführen ist, wie das Gebet verrichtet werden sollte „und Chadidscha machte es ihm nach.“[19] Sie gebar von ihm vier Töchter und drei Söhne. Die Söhne starben im Kindesalter. Muhammad

blieb während der Ehe mit ihr monogam und hat bis zu ihrem Tod kurz vor der Auswanderung nach Medina (622) eine glückliche Ehe geführt.
Aischa, eine spätere Frau Muhammads, berichtet: „Auf keine Frau des Gesandten Gottes war ich so eifersüchtig wie auf Chadidscha! Denn er sprach sehr oft von ihr, er schwärmte von ihr! Und es ist offenbart worden, dass ihr im Paradies ein Schloss aus Gold und Edelsteinen als Lohn für ihre guten Taten gegeben wird."[20]
In der zeitgenössischen Literatur wird sie als ‚treue Gattin Muhammads' und ‚mütterliche Frau' bezeichnet. Für die Muslime/innen ist sie die erste „Mutter der Gläubigen", wie alle Frauen Muhammads und ihre Tochter Fatima (von Muhammad) auch genannt wurden.

Ein Porträt von Chadidscha erarbeiten

Ziel: Chadidscha gehört zu den wichtigsten Frauen der ersten Zeit der Verkündigung Muhammads. Ihre Bedeutung für Muhammad als Beschützerin und erste Gläubige seiner Verkündigung des einen Gottes soll herausgearbeitet werden.
Material: Text über Chadidscha kopieren
Hinweise für die Leiterinnen: Bei religiös gemischten Gruppen können die muslimischen Frauen auch auf ihre Traditionen über Chadidscha als „Expertinnen" befragt werden. Es muss aber vorher mit den Frauen abgeklärt werden, ob dies möglich ist.
Erster Schritt (die Gruppe erarbeitet gemeinsam den Text): Der Text wird verteilt und einmal laut gelesen. Danach haben die Teilnehmerinnen Zeit, den Text selbst noch einmal durchzulesen, die wörtlichen Reden anzustreichen und die Personen aufzuschreiben, die etwas sagen.
Zweiter Schritt: Der Text über Chadidscha wird szenisch (d.h. mit verteilten Rollen) gelesen, um die Bedeutung Chadidschas für die Anfangszeit der Verkündigung Muhammads herauszustellen. Als Lesende werden benötigt: die Erzählerin; eine, die die zitierten Traditionen über Chadidscha liest; Chadidscha; Muhammad; der Sklave, der Muhammad nach Syrien begleitete und der Vetter Waraqa.
Dritter Schritt: Danach tragen alle die Informationen über Chadidscha zusammen und verfassen ein Porträt von ihr. Dieses wird auf einem Blatt zusammen mit dem Lebenslauf aufgezeichnet. Eigenschaften werden aus ihren Handlungen und Reden erarbeitet.

Vierter Schritt: Die Teilnehmerinnen schreiben einen Text, in dem Chadidscha über die Anfangszeit Muhammads als Prophet berichtet.
Abschluss: Die Texte werden vorgelesen.

Alternative zum ersten und zweiten Schritt:
Wenn es zu viel Zeit kostet, das rollenverteilte Lesen mit der Gruppe zu erarbeiten, kann vor dem Treffen einer Gruppe von Frauen der Text mit Rollenverteilung gegeben werden, damit diese das szenische Lesen des Textes vorbereitet.
Die Personen, die eine Rolle übernehmen, informieren sich anhand des Textes und können dann als „Chadidscha“, oder als „Muhammad“ etc. von den Teilnehmerinnen zum Leben Chadidschas befragt werden, um das Porträt zu erarbeiten.

Der Beginn der Verkündigung Muhammads

Ziel: Grundinformationen über den Beginn der Verkündigung Muhammads erfassen
Material: Der Text „Einführung zu Chadidscha“ Seite 84 ff. wird an alle verteilt und kopiert
Erster Schritt: Der Text wird mit verteilten Rollen gelesen.
Zweiter Schritt: Nach dem szenischen Lesen markieren die Teilnehmerinnen alle Stellen, die etwas über die Anfänge der Verkündigung Muhammads aussagen.
Dritter Schritt: Ein Bild über die Anfänge der Verkündigung Muhammads wird aus den Informationen des Textes zusammengetragen.
Leitfragen für dieses „Bild“ könnten sein:
- Wo und wann begann Muhammad mit seiner Verkündigung?
- Welchen Beruf hatte Muhammad und wie kam er zu dem Beruf?
- Welche Rolle spielte seine Familie? Nach Personen unterscheiden.
- Was enthielt die Verkündigung Muhammads für eine Botschaft?
- Welche Rolle wird Muhammad von seinen Anhängern/innen zugeschrieben?
- Welche Rolle spielte Chadidscha?

Abschluss: Fatiha (s. Seite 122)

Text über Chadidscha mit Gesten erarbeiten

Ziel: Die Bedeutung Chadidschas erfassen und nachvollziehen
Erster Schritt: Der Text wird zunächst still und dann mit verteilten Rollen gelesen.
Zweiter Schritt: Danach wird erneut der Text gelesen. Für jede Handlung und/oder jeden Ausspruch von Chadidscha versucht jede in der Gruppe, eine Geste oder eine Körperhaltung zu finden. Dies geschieht auch im Austausch miteinander. Es ist wichtig, genügend Zeit zu lassen, damit jede nachspüren kann, was für eine Haltung oder Geste sie einnehmen kann.
Dritter Schritt: Am Ende wird der Text erneut gelesen und an jeder Stelle, bei der eine Geste erarbeitet wurde, bleibt Zeit, diese auszuführen. So setzt sich der Text aus Gesten und Wortlaut zusammen.
Vierter Schritt: Die Teilnehmerinnen tauschen sich aus, wie diese Gesten gewirkt und die Bedeutung Chadidschas veranschaulicht haben.

4.4 LYDIA

Einführung zu Lydia

Am eigenen Maßstab gemessen zu werden kann manchmal zu peinlichen Situationen führen. Zumindest ging es Paulus und seinen Gefährten so, als sie in Philippi die ersten Frauen fanden, die sich bekehrten und eine Gemeinde gründeten. Die Purpurhändlerin Lydia steht dabei im Mittelpunkt. Sie ist diejenige, die sich bekehrt, die aber auch sofort Paulus auf die Probe stellt: nämlich, ob seine Verkündigung der Gleichheit aller in Christus durch die Taufe auch für Frauen gilt. Sie ist diejenige, die aufdeckt, dass in Bezug auf Frauen die verbreitete Lehre und die tatsächliche Praxis nicht übereinstimmen. Sie zwingt die Apostel dazu, zu ihrem eigenen Wort und zu ihrer eigenen Lehre zu stehen und diese auch Frauen gegenüber in die Tat umzusetzen.
Zunächst einmal will die Apostelgeschichte des Lukas aber über die Anfänge des Christentums berichten und diese Anfangszeit als vom Geist Gottes geleitet darstellen. Dabei geht es auch um die Gründungen von christlichen Gemeinden in Kleinasien und dem heutigen Griechenland. In Kapitel 16 zeichnet Lukas die Wege des Pau-

lus und seiner Begleiter nach, die ihn auch nach Philippi führen – die erste Station auf dem europäischen Kontinent. In zahlreichen Notizen über die einzelnen Gebiete, in die sie kommen, berichtet Lukas ausführlicher über die Gründung der Gemeinde in Philippi *(Apg 16,11-15)*. Die ersten Mitglieder dort sind Frauen und die Leiterin der neuen Hausgemeinde wird die Geschäftsfrau Lydia werden. Lydias Beschreibung lässt einige Rückschlüsse zu. Als Purpurhändlerin, die ein eigenes Haus, also Diener und Dienerinnen und wohl auch Angestellte, besaß, gehörte sie sicher zu den Wohlhabenden der Stadt. Purpur war ein begehrtes Luxusgut in der Antike und zählte zu den einträglichen Geschäften. Lydia war wohl eine der selbstständigen und begüterten Frauen der Stadt.

Paulus trifft sie am Sabbat an der Gebetsstätte am Fluss, vor den Toren der Stadt. Der Text charakterisiert Lydia als gottesfürchtige Frau. Auch diese Notiz lässt einige Rückschlüsse zu. Es gab viele Menschen, die sich zu den jüdischen Gemeinden mit ihrem Ein-Gott-Glauben und ihrer Ethik hingezogen fühlten, die aber nicht formal (bei Männern auch durch Beschneidung) zum Judentum übergetreten waren. Sie nahmen an den Synagogengottesdiensten teil und beteiligten sich wohl auch sonst in der Gemeinde. In Palästina vertrat man die Ansicht, diese Proselyten müssten zum Übertritt gedrängt werden. Im hellenistischen Bereich war man über den Zuspruch froh und versuchte, diese Gottesfürchtigen, wie sie genannt wurden, auch ohne formalen Übertritt in der Gemeinde zu halten. Lydia traf sich mit anderen Frauen am Sabbat zum Gebet und hatte dabei auch eine leitende Position inne.

Sie stand der Verkündigung des Paulus offen gegenüber und hörte ihm sehr aufmerksam zu. Lukas bemerkt eigens, dass sie „den Worten des Paulus aufmerksam lauschte." Ihre Bekehrung, von der die Apostelgeschichte berichtet, wird nicht an einem Tag erfolgt sein, auch wenn der Text heute diesen Eindruck erweckt. Doch Lydia wollte sicher genau wissen, worin sich die Verkündigung der Botschaft von Jesus gegenüber der Botschaft der jüdischen Gemeinde unterscheidet. Schließlich aber lässt Lydia nicht nur sich, sondern auch ihr ganzes Haus, also alle, die bei ihr leben, taufen. Nun aber wird es schwierig. Lydia hat tatsächlich der Verkündigung gut zugehört und sie in ihrer vollen Tiefe verstanden. Hinter einer Formulierung im Galaterbrief steckt vermutlich eine alte Tauformel. Dort heißt es: „Denn ihr alle, die ihr auf Christus getauft seid, habt Christus (als Gewand) angelegt. Es gibt nicht mehr Juden und Griechen, nicht Sklaven und Freie, nicht Mann und Frau, denn ihr alle seid einer in Christus Jesus." *(Gal 3,27-28)*.

Lydia zieht aus ihrer Taufe die für sie logische Konsequenz. Sie lädt Paulus und seine Begleiter zu sich in ihr Haus ein. Hier geht es nicht nur um eine einfache Gastfreundschaft. Es heißt, politisch etwas zu riskieren, wie die baldige Gefangennahme des Paulus zeigt. Und es heißt, dass Lydia ihr Haus als Versammlungsort einer christlichen Gemeinde anbietet, der sie als Hausherrin auch vorsteht. Auch Paulus und seine Gefährten begeben sich nach ihrer Befreiung aus dem Gefängnis wieder in das Haus der Lydia *(Apg 16,40)*.

Doch zunächst war es an der Zeit, dass sich Paulus dazu äußerte, ob die von ihm gepredigte Gleichheit auch Konsequenzen für die Frauen in der Praxis hat. Schließlich war diese Gleichheit in Christus sicher einer der Gründe, warum Frauen sich zur christlichen Gemeinde bekannten. Aber: Paulus will nicht bei Lydia bleiben – er lehnt das Angebot ab. Er will diesen Schritt nicht gehen. Doch Lydia bleibt hart. Sie legt Paulus auf seine eigenen Worte fest. Entweder gilt die Verkündigung, dass durch die Taufe alle Christus „angezogen" haben und damit gleich sind, oder die Predigt ist nichts wert, weil sie die Praxis nicht verändert. Sie wollte die neue Lehre in erster Linie nach ihren Auswirkungen bewerten. Und in dieser Hinsicht musste sich nach Lydia einiges verändern.

Paulus blieb schließlich nichts anderes übrig, er konnte der Argumentation der Lydia nicht widersprechen. „Wenn ihr überzeugt seid, dass ich fest an den Herrn glaube, kommt in mein Haus und bleibt da." *(V. 15)*. Da sie selbst die Verkündenden und Taufenden waren, blieben sie. Es war ihnen offensichtlich nicht recht, denn Lukas konnte sich der Bemerkung nicht enthalten: „Und sie drängte uns." *(V. 15)*.

Frauen waren und blieben ein wichtiger Bestandteil der Ausbreitung und vor allem der Konsolidierung des christlichen Glaubens. Sie hielten in ihren Gemeinden die Anhänger/innen zusammen und unterstützten die Mission und andere Gemeinden tatkräftig mit. Es gab eine ganze Reihe wohlhabender Frauen wie Lydia, die zu den Stützen und Leiterinnen der ersten Gemeinden wurden. Und so wandte sich Paulus mit seinen Gefährten nach der Gefangennahme auch ohne zu zögern an Lydia *(V. 40)*. Sie bot Schutz und Beistand – und eine neue Hausgemeinde, auf die die wandernden Apostel angewiesen waren. Ihr Glaube zog Konsequenzen in ihrem Handeln nach sich – und sie scheute sich nicht, selbst von Paulus diese Konsequenzen mit Hartnäckigkeit einzufordern. Ihre Botschaft hat auch heute nichts von ihrer Aussagekraft verloren: ein Glaube, der keine veränderte Praxis nach sich zieht, lohnt nicht, gehört zu werden.

Lydias Theologie erarbeiten

Ziel: Lydias Verständnis von einer christlichen Gemeinde und Theologie zu charakterisieren
Material: Text zur Lydia für alle kopieren, Stifte, Papier
Zeit: ca. 90 Minuten
Einstieg: Es ist nicht ganz einfach, aus den biblischen Texten ein Bild über die Frauen in den ersten christlichen Gemeinden herauszuarbeiten. Obwohl an diesem Thema in den letzten Jahrzehnten schon von vielen Frauen intensiv geforscht wurde, ist es schwierig, neue Erkenntnisse zu gewinnen, denn die Informationen sind oft spärlich und liegen verstreut. Anhand der kurzen Geschichte Lydias lässt sich aber doch einiges über die Position von Frauen und den Hintergrund Lydias erfahren. Und es zeigt sich, dass sich manches bis heute nicht verändert hat und Frauen in ähnliche Konflikte wie damals geraten.
Erster Schritt: Lesen der Geschichte Lydias in Apg 16,11-15.
Zweiter Schritt: Die Teilnehmerinnen analysieren den Text in der Apostelgeschichte und in dem Text zu Lydia nach folgenden Stichworten:
- Wo spielt die Szene? (Ort)
- In welcher Zeit spielt sie? (Zeit)
- Wer sind die beteiligten Personen – welchen Hintergrund haben sie? (Personen)
- Was geschieht in dem Text? (Handlung)
- Welche Position nehmen die Beteiligten ein?

Wie argumentiert Lydia?
Die Ergebnisse werden in einer Liste zusammengetragen. Die beteiligten Personen haben je eine Spalte, in die sie ihre Reden und Argumente nacheinander eintragen können. Dadurch wird der Textverlauf übersichtlicher.
Dritter Schritt: Überlegen Sie, ob Sie Situationen kennen, die der Lydias entsprechen. Wo unterscheiden sich heute Anspruch und Wirklichkeit für Frauen?
Vierter Schritt: Welche Strategie könnte man von Lydia abschauen? Merkpunkte werden aufgeschrieben.

Die Situation in Philippi in Szenenbildern vertiefen

Ziel: Die Geschichte der Lydia durch Szenenbilder (Standbild) vertiefen
Material: Tücher etc.
Hinweis für die Leiterinnen: Zur Vorbereitung werden die Teilnehmerinnen gebeten, den Bibeltext zu lesen. Je nach Gruppengröße kann der Text gemeinsam Szene für Szene als Standbild erarbeitet werden. Ist die Gruppe größer als acht Personen, kann der Text in Szenen aufgeteilt und jeder Gruppe die Erarbeitung eines Stand- oder Szenenbildes zugewiesen werden. Eventuell kann statt eines Szenenbildes/Standbildes auch ein Spiel angestrebt werden.
Zeit: ca. 2 Stunden
Einstieg: Manchmal kann es hilfreich sein, sich eine Situation oder Szene lebendig vorzustellen. Um die Geschichte der Lydia zu vertiefen, können die einzelnen Stationen der Geschichte und ihr Hintergrund in Szenenbilder (Standbild) umgesetzt werden.
Erster Schritt: Gemeinsam wird der Text gelesen und festgelegt, wer welche Szene als Szenenbild/Standbild erarbeitet. Mögliche Aufteilung: a) Frauen am Fluss unter sich; b) Frauen mit Paulus und Begleitern/Verkündigung des Paulus; c) Lydia lädt die Apostel in ihr Haus ein/Diskussion mit Aposteln; d) Lydia als Leiterin einer Hausgemeinde nimmt die Apostel nach ihrem Gefängnisaufenthalt auf.
Zweiter Schritt: Die Szenenbilder/Standbilder werden erarbeitet. Mit Tüchern und Gegenständen werden die Orte angedeutet. Alle versuchen die Szene gestisch umzusetzen. Bei einem Spiel werden die Standbilder zu Rollen erweitert.
Dritter Schritt: Nach der Erarbeitung trifft sich die gesamte Gruppe wieder. Der Text wird langsam gelesen und mit den Szenenbildern/Standbildern umgesetzt. Bei einem Spiel beschränkt sich das Lesen nur auf die reinen Erzähltexte.
Abschluss: Segen (s. Seite 172-175).

Textanhang zu Kapitel 4

Texte zu Maria

Auch du
bist Prophetin
in dir
tanzt das Licht
und machtvoll
erklingt uns ein Lied

aus dir
singt der Traum
vom Sturz aller Täter
vom Aufstand aller Opfer
zur Freundschaft
und Lebenslust

Auch du
bist Prophetin
ausgespannt
zwischen Himmel und Erde
in deinen Händen
liegt Licht und Wahrheit
und du erzählst
von Unrecht und Schmerz
und von kommendem Leben
das leise

unaufhaltsam
unter uns
Gestalt annimmt.

Lisianne Enderli

Es ist ein Ros entsprungen

Es ist ein Ros entsprungen aus einer Wurzel zart,
wie uns die Alten sungen, von Jesse kam die Art,
und hat ein Blümlein bracht mitten im kalten Winter
wohl zu der halben Nacht.

Das Röslein, das ich meine, davon Jesaja sagt,
ist Maria, die Reine, die uns das Blümlein bracht.
Aus Gottes ewgem Rat hat sie ein Kind geboren
und blieb doch reine Magd.

Das Blümelein so kleine, das duftet uns so süß;
mit seinem hellen Scheine vertreibt's die Finsternis,
wahr Mensch und wahrer Gott, hilft uns aus allem Leide,
rettet von Sünd und Tod.

Gotteslob Nr. 132/Evangelisches Gesangbuch 30

Maria durch ein Dornwald ging

Maria durch ein Dornwald ging, Kyrie eleison,
Maria durch ein Dornwald ging,
der hat sieben Jahr kein Laub getragen. – Jesus und Maria.

Was trug Maria unterm Herzen? – Kyrie eleison.
Ein kleines Kindlein ohne Schmerzen,
das trug Maria unterm Herzen. – Jesus und Maria.

Da haben die Dornen Rosen getragen – Kyrie eleison.
als das Kindlein durch den Wald getragen,
da hab'n die Dornen Rosen getragen. Jesus und Maria.

Aus dem Eichsfeld, um 1700

Literaturhinweise zu Kapitel 4

Weitere Möglichkeiten zur Arbeit am Magnifikat siehe in:
Ulrike Bechmann: Sei Prophetin! Bibelarbeit zu Maria als Prophetin , besonders zum Magnifikat, Lk 1,46-55; in: Anneliese Hecht/Bettina Eltrop (Hrsg.), Frauenbilder, Stuttgart/ Düsseldorf 1998, S. 57-68 (=FrauenBibelArbeit Bd.1)
dies.:, Bibelarbeit zu Jer 1,4-10 und Lk 1,26-38; in: Deutsches Weltgebetstagskomitee (Hrsg.), Ideen und Informationen. Arbeitsheft zum Weltgebetstag 1996, Stein 1996, S. 184-201
Publik-Forum Extra: Maria. Ich sehe Dich in tausend Bildern

Weitere Literatur zu Lydia:
Ruth Albrecht/Franziska Müller-Rosenau: Lydia; in: Eva Renate Schmidt (Hrsg.): Feministisch gelesen, 32 ausgewählte Bibeltexte für Gruppen, Gemeinden und Gottesdienste, Band 1, Kreuz Verlag, Stuttgart, 1988
Susanne Heine: Frauen der frühen Christenheit, Göttingen 3/1990
Luise Schottroff: Lydias ungeduldige Schwestern. Feministische Sozialgeschichte des frühen Christentums, Gütersloh 1994

5. Islam und Christentum

Der Wunsch, christliche oder islamische Frauen(gruppen) kennen zu lernen, ist meist von einer positiven Neugier geprägt, was denn die anderen jeweils glauben und wie sie diesen Glauben leben. Das, was jede für sich als Glaubensleben praktiziert, mag sich auf beiden Seiten in dem unterscheiden, was „offiziell" die Religion vorsieht. In allen Religionen gibt es die „offizielle" Theologie und den Glauben des Volkes. Beides befruchtet sich gegenseitig, manchmal steht es sogar im Gegensatz zueinander.
Der Wunsch, mehr über den anderen Glauben zu erfahren, sollte in einen echten Austausch münden. Darum ist das Kapitel so angelegt, dass von beiden Seiten ein gemeinsames Gespräch möglich ist. Oft fehlt es lediglich an grundlegenden Informationen über die andere Religion. Diese grundlegenden Wissensfragen will dieses Kapitel zu dem jeweiligen Thema liefern, damit eine gute Gesprächsgrundlage vorhanden ist. Wir haben versucht, die Themen Heilige Schriften, Gebet, Räume des Gottesdienstes, Brauchtum in bestimmten Jahreszeiten und das Thema Kleidung/ Gewänder in Religionen aufzubereiten.
Der gemeinsame Besuch der je eigenen Gottesdiensträume und Zentren des religiösen Lebens kann Hemmschwellen abbauen und so Zugang zu Räumen schaffen, die man vielleicht allein – trotz großen Interesses – nicht aufsuchen würde. Bibel und Koran sind die Grundlagen des Glaubens; ihre Behandlung bedarf keiner weiteren Begründung.
Advent und Ramadan werden deswegen zusammen besprochen, weil sie in den nächsten Jahren parallel gefeiert werden und beide Festzeiten der Erwartung sind: der Erwartung des Wortes Gottes auf Erden. Beide Zeiten sind stark von Bräuchen im Alltag bestimmt. Über Hintergründe der Bräuche sowie über das unterschiedliche Erleben der gleichen Zeit eröffnen sich Möglichkeiten für ein gemeinsames Gespräch. Dieses kann dazu beitragen, Missverständnisse zu klären und Unbekanntes zu entdecken.
Warum das Thema Gewänder/Kleidung? Gerade islamische Frauen werden mit ihrer Kleidung auf religiöse Haltungen festgelegt. Kleidung ist nicht nur ein gesellschaftliches (s. Kap. 3), sondern auch ein religiöses Thema. Einige Stichworte mögen genügen: Die Kopftuchfrage, die sogar schon Gerichte beschäftigte, oder die Bilder aus dem Iran und Afghanistan, wo Frauen den Tschador, das schwarze, alles verhüllende

Gewand tragen und bestraft werden, wenn sie das nicht tun – das alles prägt unsere Wahrnehmung von Frauenkleidung im Islam. Doch gilt es, die Vielfalt und den Zusammenhang von Kleidung und Religion bewusst wahrzunehmen und zu differenzieren. Es soll verhindert werden, dass Frauen abgeschreckt werden, wenn sie ohne eigene Thematisierung solchen Vor-Urteilen begegnen. Auch im Christentum ist die Kleidung von Frauen schon seit Paulus nicht nur eine individuelle Frage der betroffenen Frauen. Ein Gespräch darüber soll die Chance eröffnen, die je individuelle Meinung und Einstellung zu erfahren und zu respektieren.

5.1 Kirche und Moschee

Kirche und Moschee sind Orte, an denen sich Menschen Gott nähern in Lob und Klage, Dank und Bitte. In beiden sammeln sich die Gläubigen, um gemeinsam ihren Gottesdienst zu begehen. Hier finden die zentralen Gemeinschaftsgebete und -liturgien der christlichen wie der muslimischen Gemeinden – in ihrer je spezifischen Form – statt.

Kirchenbau und Moscheebau haben in Deutschland unterschiedliche Traditionen. Während im Christentum viele Jahrhunderte Kirchenbau die Landschaft und die Gestalt der Kirchen prägen und auch oft kleine Dörfer schöne und gut erhaltene Kirchen haben, ist die Tradition des Moscheebaus in Deutschland neu. Vielfach sind zunächst Moscheen in Behelfsräumen eingerichtet worden. Erst mit der Zeit, als klar wurde, dass Muslime auf längere Zeit oder für immer in Deutschland leben, begann man, sich intensiver um den Bau von Moscheen zu bemühen. An manchen Orten ist es gelungen, an manchen Orten aber regt sich heftiger Widerstand in der Bevölkerung, wenn eine Moschee geplant wird. Auch sind die Baugenehmigungen aufwendig und die Gemeinden müssen intensiv um Spenden werben, um eine Moschee finanzieren zu können. Große Moscheen gibt es nur in Mannheim, Pforzheim und Hamburg. Anders sieht es natürlich in islamischen Ländern aus, wo große Moscheen als Kunstwerke bewundert werden können.

Ein Besuch in einer Kirche oder einer Moschee bietet die Möglichkeit, sich gegenseitig den Ort zu zeigen, der für die je eigene Religion ein wichtiger Gemeindetreffpunkt ist. Gerade weil die Ausstattung der Gebetsräume meist sehr unterschiedlich

ist, ist sie ein Spiegel für die Unterschiedlichkeit der Lage von Christen/innen und Muslimen/innen in Deutschland, wenn sie Gottesdienst feiern und sich zum Gebet treffen wollen.
Es ist sinnvoll, einen Besuch gut vorzubereiten. Deshalb werden hier sowohl zur Kirche (als Ort und Gebäude) als auch zur Moschee einige Grundinformationen gegeben.

Die Kirche

Kirchen dienen als Ort des Gottesdienstes. Die kleinen Dorfkirchen zeigen ebenso wie die großen Basiliken und Dome, wie Menschen in den unterschiedlichsten Zeiten ihre Kraft, ihr Geld und ihre Kunst in den Bau von Kirchen investiert haben. Man orientierte sich zunächst an der Versammlungshalle, der Basilika, später entstanden immer neue Formen und Konzepte, wie eine Kirche gebaut wurde.
Die Kirchen waren von Anfang an im Unterschied zu den Tempeln als Wohnstätten der Götter nicht Wohnort Gottes, der von den Menschen abgesondert blieb. Die Gemeinschaft der Gläubigen war der Ort der Anwesenheit Gottes. Daher bedeutet „Kirche“ eigentlich die Gemeinschaft der Gläubigen. Von ihrer Versammlung her ging der Name auf den Raum über, in dem die Gemeinde sich versammelte. Im Mittelalter wurde der Satz geprägt: „Die sichtbare Kirche ist ein Symbol für die unsichtbare Kirche“. Das griechische Wort kyriakon, das „Haus des Herrn“ heißt, formte den Namen „Kirche“ mit, wo sich die Gemeinde im Namen des Herrn versammelte. Man begann im Laufe der Zeit, das Brot von dem Heiligen Mahl in der Kirche aufzubewahren, so dass daraus später die häufig gebrauchte Bezeichnung „Gotteshaus“ wurde.

Die Formen in der Bauweise veränderten sich durch die Jahrhunderte hindurch, je nach Baustil und Kunstrichtung der jeweiligen Epochen. In der Ausstattung und Anlage der Kirchen spiegelt sich auch immer das entsprechende Verständnis des Glaubens bzw. der Theologie. Denn die Kirchen sollten schon durch ihre Bauweise Verkündigung leisten. So finden sich in den großen Kirchen heute Kunstschätze früherer Zeiten und an den Kirchen lassen sich alle europäischen Kunstepochen ablesen. An großen Kirchen wurde oft lange gebaut oder immer wieder renoviert, so dass gerade in den berühmten Kirchen mehrere Baustile und Epochen zu finden sind. Entsprechend werden auch moderne Kirchen nach heutigem spirituellem Bedürfnis und nach neueren theologischen Einsichten errichtet.

Zentrale Elemente der Kirchenausstattung

Altar bzw. Altarraum

Der wichtigste Ort der Kirchen ist der Raum für den Altar (lat. altare = erhöhen), der Ort für die Feier des Abendmahls/Eucharistie. In alten Kirchen hatten die Gläubigen einen Weg von der Pforte bis zum Altar zurückzulegen, symbolisch als Weg des Glaubens angelegt. Man schritt hin zu einem für den Klerus[21] reservierten Raum. Auf den Altarraum hin war die Kirche konzentriert. Je nach Theologie war der Altar (z.B. durch eine Chorschranke) von den Gläubigen getrennt und nicht einsichtig. In vielen alten Kirchen bestehen deshalb noch so genannte Hochaltäre am Ende des Altarraums, wo der Priester mit dem Rücken zur Gemeinde das Abendmahl/Eucharistie[22] zelebrierte.

Heute steht die Gemeinde als feiernde Gemeinschaft im Mittelpunkt. Räumlich wird dies in die Planung so mit einbezogen, dass Kirchen mit neuen Konzeptionen entstehen. Der Altar steht in der Mitte des Raumes, die Gemeinde ist von allen Seiten auf den Altar hin bezogen.

In katholischen Kirchen befindet sich im Altarraum der Tabernakel[23], wo die Hostien[24] aus der Feier der Eucharistie aufbewahrt werden. Nach katholischer Auffassung bedeutet dies die Anwesenheit Gottes in den Gestalten des Brotes. In der protestantischen Tradition gibt es den Tabernakel nicht.

Kanzel

Die Kanzel ist der Ort der Wortverkündigung. Früher war dies ein erhöhter Platz, von dem aus die Heilige Schrift verlesen und ab dem 4. Jh. auch verkündigt wurde. Durch die Reformation (16. Jh.) rückte die Predigt mit der Verkündigung des Wortes Gottes in den Mittelpunkt der Gottesdienste. Jetzt bekam die Kanzel als Ort der Predigt einen besonderen Stellenwert, sie wurde in der Nähe der Gemeinde angebracht und zum Teil auch prächtig ausgestattet. Viele Kanzeln und Altäre erhielten ein eigenes Bildprogramm. Bis dahin gab es in den Kirchen kein Gestühl. Man folgte stehend dem Gottesdienst. Die Kirchen waren bis dahin auch Orte des Alltagslebens: Zuflucht in Gefahr, Handelsstätte, Durchgang. Kirchen wurden zunehmend mit Bänken ausgestattet, um den Gläubigen das Zuhören zu erleichtern.

In katholischen Kirchen erfolgt die Verkündigung vom Ort der Lesung des Evangeliums aus, meist am Stehpult/Ambo oder vor dem Altar. In der evangelischen Kirche wird oft von der Kanzel gepredigt, wenn eine in der Kirche vorhanden ist. In modernen Kirchen gibt es oft keine eigene Kanzel mehr.

Orgel
Fast jede Kirche ist mit einer Orgel ausgestattet. Musik und Gesang der Gemeinde spielen im Gottesdienst eine wichtige Rolle. Die Orgel unterstützt den Gesang der Gemeinde und dient der musikalischen Gestaltung des Gottesdienstes. Manchmal ist sie auch selbst ein Kunstwerk, das der Ausschmückung des Raumes und der künstlerischen Gestaltung zugute kommt.

Kirchturm/Glocken
Die Glocken, die im Kirchturm angebracht sind, hatten früher eine Bedeutung für die ganze Stadt/das ganze Dorf. Sie markierten die wichtigen Zeiten durch ihr Läuten zum Gebet und zum Gottesdienst. Das Läuten ist bis heute beibehalten. Verbunden mit der Kirchturmuhr gaben die Glocken die Struktur des Tages vor, da früher kaum jemand eine eigene Uhr besaß.
Auf den Kirchtürmen ist entweder ein Kreuz angebracht oder ein Hahn als Zeichen der Wachsamkeit. Er erinnert an die biblische Geschichte der Verleugnung des Petrus, als dreimal der Hahn krähte (*vgl. Mk 14,66-72; Lk 22,54-62; Mt 26,69-75*).

Beispiele für Ausdrucksweisen von Glaubensinhalten durch die Bauweise und Gestaltung der Kirchen

Für die Gläubigen wurden die Kirchen mit **Bildern und Symbolen** ausgestattet, die der Glaubensunterweisung oder der Verkündigung dienten. Da früher die meisten Menschen nicht lesen konnten, sollten Bilderzyklen (z.B. der Kreuzweg) anschaulich Glaubensinhalte vermitteln. Das gilt auch für die Architektur. Kirchen wurden z.B. in Kreuzformen errichtet als Erinnerung an die Passion und Auferstehung Christi.
Seit dem Mittelalter wurden viele **Kirchen als Abbild der ewigen Himmelsstadt** verstanden. Die Kirche sollte die Verbindung zwischen Himmel und Erde schaffen und dementsprechend wurden kostbare Materialien verwendet.
Gold findet bis heute oft Verwendung in der kirchlichen Ausstattung. In früheren Zeiten war Gold nicht nur eines der kostbarsten Materialien, sondern stellte auch durch seine Leuchtkraft besonders im Schimmer der Kerzen eine helle Quelle des

Lichts dar. Für die **Fenster** wurden ebenfalls Szenen und Symbole angefertigt, die der Verkündigung dienten. Farbige Glasfenster symbolisierten kostbare Edelsteine in verschiedenen Farben.
Kirchen wurden und werden oft mit der **Altarseite nach Osten** ausgerichtet, der aufgehenden Sonne entgegen. Das Symbol des Lichts und der aufgehenden Sonne verweist auf Christus, auf die Auferstehung und auf das zukünftige himmlische Reich.
Heilige Zahlen, die symbolisch für Glaubensinhalte stehen, spielten oft bei der Architektur eine Rolle. Die Pfalzkapelle in Aachen z.B. hat etwa das Maß des himmlischen Jerusalem aus Off 21,17, nämlich 144 Fuß.

Heilige Zahlen:
3 = Drei steht für die Dreifaltigkeit und für alles Göttliche.
4 = Die Vier symbolisiert das Universum mit den 4 Himmelsrichtungen und vier Elementen.
5 = Fünf steht als vollkommene Zahl für den Menschen.
6 = Sechs für die Schöpfung, die, nach dem Schöpfungsbericht in Gen 1, in 6 Tagen erschaffen wurde.
7 = Sieben als heilige Zahl aus drei + vier umfasst das Göttliche und Menschliche.
8 = Die Acht steht für Vollendung und Auferstehung.
9 = Neun als das Göttliche aus drei mal drei.
12 = Die Zwölf steht für drei mal vier als heilige Zahl, für die zwölf Stämme Israels und für die zwölf Apostel.
In vielfacher Weise wurde bei den Bauten von Kirchen mit diesen Zahlen gearbeitet.

Die **Gotik** (ca.1150-1500) mit ihren hochstrebenden Kathedralen wollte den Blick der Menschen hochführen und das Streben nach Gott zum Ausdruck bringen.
Die **Renaissancezeit** (ca. 1420-1600) führte mit einem neuen Lebensgefühl der Weltzugewandtheit zu dem Bedürfnis, das Ruhen in Gott zum Ausdruck zu bringen. Aus diesem Grund wurden zentrale Rundbauten bevorzugt.
In den protestantischen Kirchen der Reformation (**Reformation**[25] ab 1517) wird die Klarheit und Strenge mit der Betonung der Kanzel als zentraler Ort der Verkündigung des Wortes Gottes hervorgehoben.
Im **Barock** (ca.1600-1759) überwiegt die Prachtentfaltung als Ausdruck der Größe Gottes.

Die Moschee

Das arabische Wort für Moschee, *masdschid*, leitet sich von einem aramäischen Wort ab, das in seiner Grundbedeutung „sich niederwerfen" heißt. Die Moschee ist der Versammlungsort der muslimischen Gemeinde für das gemeinsame Gebet. Zwar kann man an jedem Ort das Pflichtgebet verrichten, aber es ist verdienstvoller, es in einer Moschee zu tun. Für Männer ist es jedoch verbindlich, am Freitagmittag in einer Moschee innerhalb der Gemeinschaft der Gläubigen zu beten. Bei diesem Gebet gibt es traditionell eine Predigt.

Die Vielfältigkeit der Moscheen hängt mit deren Entwicklung zusammen. Zunächst galt für Muhammad prinzipiell jeder Ort, an dem man das Gebet verrichtete, als *masdschid*, als eine Moschee. Erst mit dem Anwachsen der Gemeinde in Medina nahm man den Hof des Hauses von Muhammad als Ort für ein gemeinsames Gebet, aber auch als Ort, an dem alle Geschäfte der Regierung und des Handels, der Beratung usw. erfolgten. Der offene Hof war von Mauern umgeben und hatte eine Laube aus Palmstämmen und Palmblättern, eine damals typische Hofform. Gebets- und Predigtort wie gesellschaftliches Zentrum waren eins.

Diese vielen Funktionen einer Moschee sind im Kern bis heute erhalten geblieben. In der Moschee wird z. B. der Koran gelehrt. Viele islamischen Hochschulen gingen aus Moscheen als Ort der Lehre hervor, weil dort nicht nur der Koran, sondern auch andere Fächer unterrichtet wurden. Stiftungen verbanden oft eine Moschee mit einer sozialen Institution: einem Waisenhaus, einer Krankenstation oder einer Schule. Je nach Größe kann eine Moschee noch viele angebaute Räume mit verschiedenen Funktionen haben. Oft bieten Moscheen auch Reisenden eine Übernachtungsmöglichkeit und haben Küchen angeschlossen, in denen Reisende oder Arme gespeist werden. In der Moschee kann man sich Rat in vielen Lebenslagen holen. Sie ist ein Treffpunkt für die Mitglieder der Moschee.

Die Form der Moscheen, die sich im Laufe der Zeit in den islamischen Ländern entwickelten, ist sehr unterschiedlich. Regionale Traditionen und Baustile prägen die Vielfalt der heute zu bewundernden Moscheen. Die Art einer Moschee verleiht ihr ein bestimmtes Gepräge. Moscheen wurden oft an Gräbern erbaut, die zu Wallfahrtsorten wurden. Auch die Ausstattung einer Moschee entwickelte sich erst im Laufe der Zeit.

Es entstanden Traditionen, den Moscheen eine Heiligkeit zu verleihen, die durch eine bestimmte Würde und bestimmte Riten eingehalten wurde. Das hing sicher auch damit zusammen, dass die Heiligkeit von Orten anderer Religionen auch Einfluss auf die Sicht der Moschee ausübte. Zwar blieb als Unterschied zu Tempeln oder Kirchen, dass kein heiliger Kultgegenstand in der Moschee aufbewahrt wird. Dennoch gilt dem Gebetsraum gegenüber ein gewisser Respekt, z.B. indem man sich die Schuhe auszieht, bevor man eine Moschee betritt.

Frauen beten ebenfalls in der Moschee, aber meist von den Männern getrennt. In manchen Moscheen sind Teile nur für Frauen reserviert und sind durch Säulen oder andere Trennungen gekennzeichnet. Diesen Frauenteil dürfen Männer nicht betreten. Manchmal gibt es aber auch eigene Räume oder eine eigene Moschee für Frauen. Innerhalb einer Frauengemeinschaft können Frauen Vorbeterinnen sein, nicht aber bei einem Gebet von Frauen und Männern zusammen.

Zentrale Elemente einer Moscheeausstattung

Gebetsnische

In jeder Moschee gibt es eine Gebetsnische, die arabisch *miḥrab* heißt. Sie ist an der Wand angebracht, die Richtung Mekka, der Gebetsrichtung liegt. Ihre Ursprünge liegen im weit verbreiteten Apsisbau bei Kirchen. Jetzt ist sie der Ort, an dem der Vorbeter steht und das Gebet leitet.

Kanzel

Die oft kunstvoll geschmückte Kanzel, arabisch *minbar*, dient als Ort der Predigt im Gottesdienst am Freitag. Ein erhöhter Sitz war in den Anfangszeiten des Islam noch Zeichen des Herrschers oder eines Richters. Von hier aus wurden Gesetze bekannt gegeben und Richtersprüche erlassen. Als die Predigt am Freitag Teil des Gottesdienstes wurde, erhielt bald jede Moschee eine Kanzel als Ort der Predigt.

Minarett

Das Minarett dient dem Ruf zum Gebet. Es entwickelte sich wohl ursprünglich aus den Türmen der Kirchen, die erhalten blieben, wenn sie in eine Moschee umgewandelt wurden.

Dakka
In größeren Moscheen findet man eine Estrade, einen erhöhten Platz für den Ruf zum Gebet. Dieser Platz entstand durch die Struktur des Gottesdienstes. Demnach erfolgt der erste Ruf zum Gebet vom Minarett aus, der zweite und dritte Ruf vom *dakka* aus.

Pult und Sitz
Für die Koranrezitation wird in Moscheen oft ein Pult und ein Stuhl für den Rezitator aufgestellt. Der Koran wird auch als Buch hochgeschätzt und erhält einen besonderen Platz.

Brunnen
Bevor man betet, muss man sich reinigen. Deshalb gehören zu jeder Moschee Brunnenanlagen oder Wasserstellen, um die rituelle Reinigung vor dem Gebet zu ermöglichen.

Ein Besuch der jeweils fremden Gebetsräume
„Ich war noch nie in einer Moschee. Ich würde gerne eine Moschee von innen sehen. Alleine traue ich mich aber nicht. Ich weiß nicht, an wen ich mich wenden kann."
„Ich war noch nie in einer Kirche. Ich möchte gerne wissen, wie eine Kirche von innen aussieht. Allein mag ich nicht hineingehen."

Vielleicht geht es vielen so. Sie möchten wissen, wo die anderen beten, wie es dort aussieht. Aber sie wissen nicht, ob sie einfach dort alleine hingehen können, sie finden sich nicht zurecht, sie wissen nicht, ob es bestimmte Verhaltensregeln gibt. Sie kennen niemand, der ihnen den Raum erklärt und sie einführt.
Ein gemeinsamer Besuch von muslimischen und christlichen Frauen in einer Kirche sollte gut vorbereitet werden. Der Schritt in eine Kirche/eine Moschee zu gehen, ist für keine Seite leicht oder selbstverständlich. Die Begleitung durch Frauen, die man schon kennt und die bereit sind, Kontakte zu vermitteln, kann den Zugang erleichtern und Hemmschwellen abbauen.

„Ich zeige dir meine Kirche/meine Moschee"

Ziel: Kennen lernen von Kirche oder Moschee

Vorbereitung: Welche Erwartungen gibt es? Es ist nicht selbstverständlich und ein sensibles Feld, die Räume einer anderen Glaubensgemeinschaft zu betreten. Die Sorge, dabei Missionsversuchen ausgesetzt zu werden, ist besonders bei muslimischen Frauen aufgrund der christlichen Missionsgeschichte und ihrer Situation als Minderheit in einem mehrheitlich christlich geprägten Land verbreitet. Ähnliche Ängste vor Missionsversuchen bestehen zwar auch auf christlicher Seite. Doch ist in Deutschland das Christentum die dominante Religion und muss nicht die Lage einer Minderheit aushalten. Es sollte vorher offen angesprochen werden, dass es keinesfalls um Mission, sondern um ein Kennenlernen in gegenseitiger Achtung geht.

Die Erwartungen an einen solchen Besuch können – vielleicht unausgesprochen – sehr unterschiedlich sein. Deshalb ist es wichtig, sich vorher darüber auszutauschen, was man gerne erleben möchte.

- Möchte man wissen, wie eine Moschee/eine Kirche von innen aussieht und eine Erklärung dazu bekommen?
- Möchte man ein Gebet erleben?
- Möchte man (besonders bei touristisch bekannten Kirchen) etwas über die Kunstschätze erfahren?
- Möchte man auch etwas über das Gemeindeleben vermittelt bekommen?

Verhaltensweise

In den Gebetsräumen werden bestimmte Verhaltensweisen erwartet. Es ist wichtig, sich vorher darüber zu informieren. Fragen, die man dazu besprechen könnte, sind:

- Was ist eine angemessene Kleidung?
- Was wird bei dem Eintritt in die Moschee/die Kirche erwartet?
- Kann man laut sprechen, sich setzen, herumgehen?
- Was ist der Unterschied zwischen Kirche und Gemeindezentrum?

Hinweise für die Leiterinnen: Wie können jeweils Kontakte geknüpft werden?

a) Wenn es eine Frauengruppe ist, die nur aus christlichen Frauen besteht, müssten sich diese kundig machen, ob und wo es in ihrem Dorf, ihrer Stadt, ihrem Stadtteil oder sonst in der Nähe eine Moschee gibt bzw. einen Gebetsraum. Vielleicht kennt eine Frau aus der Gruppe eine Muslimin, die in die Moschee zum Beten geht oder

eine dortige Frauengruppe besucht. Sie könnte diese Frau ansprechen und mit ihr über den Wunsch eines Besuchs reden. Diese Frau könnte dann die Vermittlerin sein und den Imam und den Vorstand des Moscheevereins fragen, vielleicht könnte sie sogar selbst die Gruppe in der Moschee führen. Ansonsten bestünde evtl. die Möglichkeit, dass die Leiterin der Frauengruppe oder der Imam diese Aufgabe übernehmen.
b)Wenn es eine Frauengruppe ist, die nur aus muslimischen Frauen besteht, könnten diese ebenfalls wie oben angesprochen verfahren, nun aber mit christlichen Frauen als Ansprechpartnerinnen. Diese könnten eventuell auch den Kontakt zu einer christlichen Frauengruppe oder einem/r Pfarrer/in am Ort vermitteln.
c) Wenn es eine Frauengruppe ist, die aus christlichen und muslimischen Frauen besteht, bietet sich ein gemeinsamer Besuch einer Kirche/einer Moschee an.

Der Besuch

Hinweis: Die vorgestellten Zugangsmöglichkeiten zu den Gebetsräumen sind Vorschläge, um eine Struktur zu geben.

Erster Schritt: Raumgefühl

Wichtig ist es, Zeit zu lassen, um jeweils selbst ein Raumgefühl zu entwickeln. Man kann sich gemeinsam setzen und den Raum einige Minuten ohne Worte auf sich wirken lassen. Dies sollte vorher abgesprochen sein, um keine Unsicherheit aufkommen zu lassen.

Zweiter Schritt: Persönlicher Zugang (für gemischte Gruppen)

Jede Frau der gastgebenden Gruppe überlegt sich, was ihr in „ihrer" Kirche oder in „ihrer" Moschee besonders gut gefällt. Das kann ein Kunstgegenstand, ein besonderer Platz in der Kirche/der Moschee, die Atmosphäre beim Gebet oder einfach nur der Raum sein. Bei dem Besuch erzählt jede Frau, was sie in dem jeweiligen Raum schön findet.

Dritter Schritt: Die Kirche/die Moschee als Gottesdienstraum

Der Raum wird in seiner Funktion vorgestellt.
- Wo sind die Gläubigen/Vorbeter/Priester oder Pastoren/innen?
- Was passiert beim Gottesdienst an welchem Ort?

– Wie lange dauert der Gottesdienst?
– Was gehört zu welchem Teil des Gottesdienstes/des Gebets?

Vierter Schritt: Die Kirche/Moschee als Gemeindezentrum
Nach dem Besuch des Gottesdienstraums kann sich ein Gespräch über das Gemeindeleben anschließen. Diese Informationen können entweder im Gemeindezentrum (wenn vorhanden) oder in den Gebetsräumen gegeben werden. Bei einer Erläuterung durch Dritte sollte vorher genau abgesprochen werden, was die Gruppe erwartet und wie sich die Gruppe zusammensetzt.

Fünfter Schritt: Die Kirche/die Moschee als Besuchsort
Bei dem Besuch einer für Kunst und Architektur berühmten Kirche sollte ebenfalls vorher geklärt werden, welche Besichtigungs- und Erklärungsmöglichkeiten es gibt, wenn nicht die Informationen durch die Gruppe selbst gegeben werden können. Auch hier ist der Zugang wie oben beschrieben möglich.

5.2 Die heiligen Bücher: Bibel und Koran

Die Bibel

Die Bibel ist die Heilige Schrift der Christen und Christinnen. Sie besteht aus zwei Teilen, dem Alten und dem Neuen Testament. „Testament“ werden die beiden Teile genannt, weil sie damit das Wort für „Bündnisurkunde“ wiedergeben. Damit ist schon ein wichtiger Glaubensinhalt genannt: Christen und Christinnen glauben, dass Gott seinen Bund mit den Menschen nicht mehr aufgibt und dies ist bezeugt in der Heiligen Schrift, den Bündnisurkunden. Das Wort Bibel kommt vom lateinischen Pluralwort für „Bücher“, biblia, mit dem in der jüdischen wie in der christlichen Tradition die Sammlung der Bücher als Ganzes bezeichnet wurde. Welche Schriften für Christen und Christinnen im Gottesdienst verbindlich sind, wurde bei einer Synode im zweiten Jahrhundert entschieden.
Evangelische und katholische Bibelausgaben unterscheiden sich im Umfang der enthaltenen Schriften. Gemeinsam sind ihnen die hebräischen Bücher des Alten Testaments (AT), die die Heilige Schrift für das Judentum ist, und die neutestamentlichen

Schriften. Die neutestamentlichen Texte (NT) sind alle in griechischer Sprache verfasst.
In den katholischen Bibelausgaben gehören zusätzlich die jüdischen Schriften dazu, wie etwa die in griechischer Sprache geschriebenen Zusätze zum Buch Esther und Daniel, die Makkabäerbücher, das Buch Tobit, Baruch, Jesus Sirach und das Buch der Weisheit. Martin Luther übernahm nur die für das Judentum verbindlichen hebräischen Heiligen Schriften. Deshalb enthalten die evangelischen Ausgaben im Alten Testament nur die Schriften, die auch die Hebräische Bibel des Judentums bilden. Auch im Judentum gab es eine Entscheidung, welche Bücher die verbindlichen sind.
Die beiden Testamente gehören für Christen und Christinnen untrennbar zusammen. Auch dies ist Teil dieser frühkirchlichen Entscheidung. Es hat immer wieder Versuche gegeben, das Alte Testament oder große Teile davon als überflüssiges Buch auszuscheiden und nur das Neue Testament als entscheidendes Buch zu lesen. Dabei wurde übersehen, dass bis zur Neuzeit das „Alte" nichts Überflüssiges meinte, sondern eine besondere Form der Hochschätzung hatte. Was alt war, wurde geehrt, denn es hatte sich mit Weisheit bewährt. Altes Testament war also ein Begriff der Verehrung, nicht der Ablehnung. Zudem ist heute klar, dass Jesus als Jude seine Verkündigung mit den jüdischen Heiligen Schriften (dem heutigen Alten Testament) in Einklang sah. Das Neue Testament bezieht sich immer wieder auf „die Schrift", wie dort das AT genannt wird. Denn auch für die Autoren der Evangelien oder für Paulus gab es keine anderen heiligen Schriften.

Ein Buch – viele Bücher
Der ursprüngliche Plural „Bücher" verweist auf die eigentliche Form der Bibel. Sie ist eine Sammlung von Schriften: Evangelien, Erzählungen, Gebetstexte (z.B. Psalmen), Briefe, Annalen, Liebespoesie, prophetische Texte, Gesetzestexte, Visionen ... die Aufzählung ließe sich beliebig fortsetzen. Die einzelnen Texte (auch innerhalb der einzelnen Bücher) entstanden oft über eine längere Zeit hinweg. Vielem liegt wohl auch eine mündliche Tradition zugrunde. Sie haben in späteren Jahren und Jahrhunderten Ergänzungen erfahren, bis sie in der heute vorliegenden Form aufgeschrieben wurden.
Entsprechend vielfältig sind auch die Inhalte, die in der Bibel zusammengetragen sind. Es gibt in der Bibel durchaus theologisch gegensätzliche Meinungen – und manchmal führen auch die Bibeltexte ein Streitgespräch miteinander. Denn in der Bi-

bel schlagen sich die Erfahrungen von Menschen mit Gott aus den unterschiedlichsten Zeiten nieder. Von diesen Erfahrungen künden die Schriften. Und so verschieden die Erfahrungen und ihre Deutungen waren, so entfalten sie doch alle die Grundüberzeugung von einer Beziehung zu einem Gott, der die Menschen liebt.
Menschliche Erfahrungen prägen Glaube und Theologie. Die Erfahrungen der Gottverlassenheit, der Krankheit, des Unglücks beschreiben die Psalmen und sie formulieren Gebete, die Gott an seine Bündniszusage erinnern und ihn darin nicht loslassen wollen. Andere Psalmen buchstabieren die Erfahrung der Nähe Gottes in schwierigen Zeiten. Die Evangelien erzählen das Leben Jesu voneinander abweichend, wenn sich auch viele Übereinstimmungen finden lassen. Aber bei näherem Hinsehen setzt doch jeder Evangelist einen eigenen Akzent. Paulus schreibt an die ihm gewogene Gemeinde von Thessaloniki anders als an die Korinther, von denen er abgelehnt wurde. Und die so genannten Pastoralbriefe aus dem zweiten Jahrhundert (z.B. Timotheus) vertreten wieder eine eigene Theologie – so, wie es in wandelnden Situationen nötig war, um im Bund Gottes zu leben!

Inspiration – Offenbarung – Erfahrung, oder: Menschenwort – Gotteswort
Ist die Bibel Menschenwort oder Gotteswort? Nach Auffassung christlicher Theologie widerspricht sich dies nicht. In den Schriften, auch wenn sie von Menschen verfasst sind, begegnet uns Gottes Wort. Denn die Menschen erzählen und verkünden von ihren Erfahrungen mit Gott, die immer neu bedacht und ausgelegt werden sollen. So unterschiedlich die Erfahrungen sind, so unterschiedlich kann man in der Auslegung auch darauf reagieren. Manche Worte oder Erzählungen treffen einen gerade in einer Situation, in der sie für uns bestimmt erscheinen. Für den reichen Kaufmannssohn Franz von Assisi war das Wort „Geh hin und verkaufe alles, was du hast" ein Wort, das ihn in seiner Suche so ansprach und traf, dass er alles verkaufte und eine Gemeinschaft der Nachfolge in Armut gründete. Manche Worte bleiben stumm, sie werden vielleicht in anderen Zeiten oder an anderen Orten wirksam. So gelten die Texte, obwohl von Menschen geschrieben, als von Gottes Geist durchdrungen, die von dem reden, wer Gott für die Menschen ist und wie er wirkt. Auch die für uns heute manchmal schwierigen Texte, die von Krieg, Vergewaltigung oder auch politischer Gewalt reden, geben Erfahrungen des Lebens wieder. In vielen Ländern und auch bei uns, wo Gewalterfahrungen gemacht werden, ist es vielleicht ein Weg, nach Gott auch in solchen Situationen zu suchen.

Frauen lesen die Bibel
Frauen haben immer wieder aus ihren Erfahrungen heraus die Bibel gelesen – und viel entdeckt, was in der traditionellen Theologie oft unter den Tisch fiel. Inzwischen gibt es keinen Zweifel daran, dass die Bibel voll ist von Frauengeschichten – positiven wie negativen. Frauen haben mit ihrem Glauben und ihrem Leben ebensoviel beigetragen wie Männer. Und es zeigt sich in zahlreichen Geschichten: Gott wendet sich den Frauen zu, sie empfangen Offenbarungen, sie werden zum Vorbild des Glaubens, sie formulieren Gebete und sie erfahren Heilung und Rettung aus vielfältiger Not. Frauen deuten die Bibel aus ihrer Perspektive. In der Diskussion darüber wurde noch einmal klar, dass jede Auslegung eine bestimmte Perspektive hat. Frauen haben genauso wie z.B. die lateinamerikanischen Gemeinden darauf aufmerksam gemacht, dass Gott sehr unterschiedlich zu den Menschen spricht und die Begegnung mit biblischen Texten sehr verschieden sein kann: je nachdem, ob jemand die Bibel liest, der in Armut lebt und ausgebeutet wird, oder ob ein reicher Landbesitzer, der keinen gerechten Lohn zahlt, die Bibel liest; ob eine Frau die Bibel liest oder ein Mann; ob jemand in Not die Bibel zur Hand nimmt, oder jemand, der danken will.

Der Koran

Für Muslime ist der Koran das heilige Buch, die Offenbarung Gottes an Muhammad. Der Koran ist der Maßstab des richtigen Glaubens und die Grundlage für die Normen des Handelns. Das Wort „Koran" kommt vom arabischen Wort für „Lesen", *qara'a*, der erste Befehl an Muhammad von Gabriel als Offenbarungsvermittler hieß auch *iqra'*, Lies! Muhammad schrieb selbst wahrscheinlich nicht die Offenbarung auf, sondern trug sie vor. Wenn überhaupt, dann wurde der Text auf allen möglichen Materialien festgehalten, aber nicht in einer Einheit gesammelt. Vielmehr prägten ihn sich zuverlässige Leute ein, die ihn dann bei Bedarf vortragen konnten.
Die Textaufteilung im Koran erfolgt nach Textabschnitten, die Suren genannt werden. Diese wiederum sind nicht inhaltlich, sondern der Länge nach angeordnet. Am Anfang steht allerdings die Fatiha, die eröffnende Sure, dann erst beginnt diese Regelung. Die längste Sure steht zuerst, die kürzeste Sure steht am Schluss. Die Suren sind durchnummeriert. Jede Sure hat eine Überschrift, die Angabe, ob sie in Mekka oder Medina entstanden ist, und den immer gleichen Anfangssatz „Im Namen Gottes, des Allerbarmers, des Barmherzigen", auf arabisch *bismallah ar-raḥman ar-raḥim*. Die-

Islam, Geschichte und Ausbreitung
Koran: Eröffnungssure (Kalligraphie)

ser Satz heißt kurz die *bismallah* und wird nicht nur vor jeder Sure, sondern auch sonst vor jedem Gebet gesprochen.
Der Koran gilt als direkt von Gott geoffenbart. Nach Überzeugung der Muslime bildet der Koran die Abschrift einer himmlischen Urschrift, die das Original aller heiligen Schriften ist. Allerdings enthält der Koran die Abschrift in arabischer Sprache, was eine ganz wichtige Bedeutung hat. Damit bekommt Arabisch den Status einer heiligen und erhabenen Sprache. Zudem ist die Sprache des Koran von unbestrittener Schönheit. Sie ist dichterisch, sehr intensiv und von unwahrscheinlicher Ausdruckskraft. In gekonnter Rezitation zeigt schon die Sprache allein eine große Wirkung und gilt wegen ihrer Unnachahmlichkeit auch als Beglaubigungswunder für die Echtheit der Sendung Muhammads. Deswegen gab es lange Widerstand, den Koran zu übersetzen und tatsächlich war dies ein schwieriges Unterfangen; doch liegen heute Übersetzungen in vielen Sprachen vor.
Den Gläubigen gilt der Koran als die Hilfe, im Alltag den Willen Gottes zu erfüllen. Er ist einerseits eine Quelle für Gebete, andererseits aber auch eine Grundlage der Belehrung, der Rechtleitung, des Trostes, der Weisheit und der Urteilshilfe. Er ist „Wegweiser des Gläubigen zu Gott; er lehrt ihn, zu Gott zu reden, ihn anzurufen und sich in der besten Weise unter seinen Willen zu unterwerfen, sich seinem Dienst hinzugeben, d.h. im eigentlichen Sinne Moslem zu sein." Der Koran gilt also als unfehlbar, und so sollte man auch im Gebrauch den Koran als Buchexemplar mit Sorgfalt und Pietät behandeln. Die Rezitation soll möglichst fehlerfrei sein. Der Koran wird deshalb in einer Art Elementarunterricht auswendig gelernt. Die Koranschule, in die Kinder mit 4-5 Jahren gehen, fangen beim Lernen mit den kürzesten Suren an, die am Schluss stehen, und erschließen von hier aus nach und nach den Gesamttext. Das Idealziel ist erreicht, wenn die Schüler/innen einen beliebigen Textanfang in einer Sure sofort weiter rezitieren können.
Erst nach dem Tode Muhammads und dem Tod seiner Genossen im Kampf gegen Angreifer und Ungläubige sah man die Gefahr, dass die Offenbarung verloren gehen könnte und schlug vor, die Texte zu sammeln. Ein zweiter Anlass war auch, dass die Eroberungen der Anhänger Muhammads unter seinen Nachfolgern bald weiten Raum einnahmen. Und bei den Feldzügen stellte man fest, dass sich anscheinend verschiedene Versionen des gleichen Textes im Umlauf befanden. Man versuchte also eine Vereinheitlichung und Straffung der Offenbarungen, und man verschickte diese Endversion (um 650) in die Hauptstädte Basra, Kufa (Irak), Damaskus und Medina.

Trotzdem erhielten sich noch mehrere Lesarten, was mit der Eigentümlichkeit der arabischen Schrift zusammenhängt. Heute gibt es sieben offizielle verschiedene Lesarten des Koran.

Muhammad vertrat die Überzeugung, dass die früheren Propheten das gleiche gelehrt hätten wie er. Allerdings kannte er höchstwahrscheinlich weder das AT noch das NT in ihrer schriftlichen Ausformung. Der Koran stimmt nach Muhammads Überzeugung mit den Büchern Abrahams und Mose überein. Er bestätigt die Heilige Schrift, die vor ihm da war.

Die heiligen Schriften der Juden und der Christen, davon war Muhammad überzeugt, enthielten das gleiche wie der Koran, nur in einer anderen Sprache. Dieser Überzeugung liegt eben die schon erwähnte Annahme zugrunde, der Koran sei eine Abschrift der himmlischen Urschrift, und auch die Schriften der Juden und Christen basierten auf dieser Urschrift. Der Koran enthält auch Traditionen, die sich im AT und im NT wiederfinden. So steht die Erschaffung der Welt, des Menschen, das Paradies und der Sündenfall im Vordergrund. Auch Sintflut und die Zeit von Ibrahim *(Abraham)* bis Dawud *(David)* und Salomo werden genannt. Musa *(Moses)*, der Auszug der Israeliten aus Ägypten, Nuḥ *(Noah)*, Lut und der Untergang Sodoms zeigen im Koran das Prophetenschicksal, wonach alle Propheten Verfolgung erleiden, verkannt werden, aber letztlich doch den Sieg davontragen. Propheten sind alle, die eine Offenbarung empfingen und diese verkündeten. Es ist nicht immer eine neue Verkündigung, sondern eine Erinnerung und Mahnung an die ursprüngliche Offenbarung, die Gott den Menschen zuteil werden ließ. Der Glaube an Gott und die Anerkennung von Gottes Herrschaft ist eigentlich in allen Menschen vorhanden und sie können die Propheten Gottes verstehen. Doch stoßen sie immer wieder auf Widerstand und Ablehnung.

Auch Musa *(Mose)* wird als ein Prophet angesehen, als Leiter des Volkes und als Künder des Gesetzes. Das Gesetz des Musa ist im Koran das Licht, die Norm des Glaubens. Es enthält zunächst die Aufforderung, an den einen Gott und an das jüngste Gericht zu glauben und Gott zu dienen. Es ist die Gesetzesnorm, nach der die Instanzen ihre Entscheidung treffen sollen, damit sie den Weg Gottes gehen. Rechtleitung, Barmherzigkeit, gerader Weg und Richtschnur für praktisches Handeln lassen sich darin finden. Doch enthüllte die Tora nicht alle Bereiche des Gesetzes.

Im Koran spielt Maryam *(Maria)* eine wichtige Rolle und damit verbunden die jungfräuliche Geburt von Isa *(Jesus)*. Isa ist danach ein Prophet, von Gott gesandt, um das

Evangelium zu verkünden. Er bestätigt die Tora, bringt allerdings auch Erleichterung gegenüber dem alten Gesetz durch das Evangelium von der Barmherzigkeit. Doch beide Schriften wurden durch die Jahrhunderte hindurch verfälscht, die Glaubensgemeinschaften zerstritten sich und so sandte Gott erneut seine in dem himmlischen Buch festgelegte Offenbarung, diesmal in arabischer Sprache, an Muhammad.
Die Offenbarungen hängen jeweils mit bestimmten Situationen zusammen und reagieren auf die jeweils aktuellen Fragen oder Probleme. So haben wir den Koran nicht als durchgehende, kontinuierliche Erzählung. Die Suren sind vielmehr Unterweisungen, Argumentationen, Predigt, Ermahnungen, Erzählungen und Gebete, und deren Themen können auch innerhalb einer Sure wechseln. Die Suren werden auch danach unterschieden, ob sie in Mekka oder in Medina entstanden sind. Dies steht jeweils zu Beginn einer Sure. In Mekka überwiegen die Suren, die das Gericht ansagen. Sie stammen aus der Anfangszeit Muhammads, als er sehr angefeindet und von der überwältigenden Erfahrung der Offenbarungen geprägt war. Nach der Auswanderung aus Mekka mit seinen Anhängern nach Medina ändern sich die Offenbarungen. Denn hier kommen ganz andere Probleme auf Muhammad zu. Zum einen traf er hier auf die religiöse Herausforderung durch die Juden, zum anderen musste er seiner Gemeinde einen neuen rechtlichen und institutionellen Rahmen geben. Diese Umstände prägten die medinensischen Suren und gaben ihnen ihren eigenen Charakter.

Die Erschließung von Bibel und Koran

Ziel: Die je fremde Heilige Schrift, Bibel oder Koran, kennen lernen und die Unterschiede und Eigenheiten in Aufbau und Gestaltung erfahren.
Material: Exemplare von Bibel und Koran nach Anzahl der Teilnehmerinnen
Vorbereitung: Versuchen Sie, einen Koran in arabischer und in deutscher Sprache und eine Bibel (eventuell auch eine in griechisch und hebräisch – meistens getrennt) zu bekommen.
Hinweis für die Leiterinnen: Bei gemischten Gruppen kann man sich gegenseitig als „Expertin“ die heiligen Bücher und deren Aufbau zeigen lassen. Vorher muss aber unbedingt geklärt werden, ob die Teilnehmerinnen dies können und wollen. Diese sollen nicht von der Bitte überrascht werden.
Es ist darüber hinaus wichtig zu wissen, dass der Koran auch als Buch verehrt wird. Er ist nicht einfach nur ein Nachschlagewerk. Man geht sorgfältig damit um und legt ihn z.B. nicht auf den Boden.

Erster Schritt: Alle schlagen eine Seite des Korans in arabischer Sprache auf. Wie ist die Seite gestaltet? Was fällt auf?
Daneben wird eine Bibel in hebräischer Sprache gelegt. Wie ist hier die Seite gestaltet?
Der arabische Koran wird von rechts nach links gelesen, beginnt also auf der nach lateinischer Schrift letzten Seite.
Nimmt man die hebräische Bibel in die Hand, beginnt auch sie „hinten" auf der in Deutsch letzten Seite. Auch Hebräisch wird von rechts nach links gelesen. Alle blättern von rechts nach links – man gewöhnt sich bald daran.
Zweiter Schritt: Jetzt wird eine deutsche Ausgabe eines Korans aufgeschlagen. Wie ist die Seite gestaltet? Wie unterscheiden sich die Suren (Kapitel des Korans)? Wo kann man Überschriften entdecken? Wie viele Suren hat der Koran?
Danach schlagen alle eine Bibel auf: Wie unterscheiden sich die Bücher?
Das Inhaltsverzeichnis der Bibel verschafft einen Überblick über die Anzahl der Bücher und ihre Namen.
Dritter Schritt: Wer erstmals eine Bibel/einen Koran in der Hand hat kann versuchen, Stellenangaben zu finden und nachzulesen.
Abschluss: Gebet/Segen (s. Seite 122/129/172 f.)

Vergleich von Texten aus Bibel und Koran

Ziel: Die beiden Grundgebete des Islam und des Christentums kennen lernen und vergleichen
Material: Texte der Fatiha (wörtlich: die Eröffnende, s. Seite 122) und des Vater unsers (s. Seite 129)
Hinweis für die Leiterinnen: In diesem Modell geht es darum, die Texte der Tradition kennen zu lernen und zu vertiefen. Ergeben sich Fragen nach weiterführenden theologischen Hintergründen der Texte, müsste weiterführende Literatur oder Referenten/innen dazu herangezogen werden.
Zeit: ca. 60 Minuten
Erster Schritt: Die beiden Texte werden laut nacheinander vorgelesen.
Zweiter Schritt: Die einzelnen Inhalte in den beiden Gebeten werden bestimmt (z. B. Lob, Bitte, Dank). Einige Informationen zu den Gebeten folgen (s. Seite 119 ff, 129 ff, 121, 130).

Dritter Schritt: Vergleichen Sie die Art des Gebetes. Was ist ähnlich, was unterscheidet die beiden Gebete? Die Teilnehmerinnen tragen zusammen, wann aus ihrer Erfahrung heraus jeweils das Vater unser oder die Fatiha gesprochen wird.
Abschluss: Vater unser und/oder Fatiha als Gebet sprechen

Weiterführung des Modells auch mit folgenden Texten möglich:
Lob der Schöpfung:
Sure 16,2-16 zusammen mit Psalm 104

Gleichnis:
Sure 39,27; 2,264-265 zusammen mit Markus 4,1-9 (V.13-20 Deutung des Gleichnisses)

5.3 Beten im Christentum und Islam

Beten im Islam

Was ist Beten?
„Ich bekenne, dass es keinen Gott außer Gott gibt und Muhammad der Gesandte Gottes ist."
(In der schiitischen Welt wird noch hinzugefügt: „und Ali ist der Freund Gottes".)
Beten ist in erster Linie ein Glaubensbekenntnis an die Einheit Gottes. Der betende Mensch wendet sich an den einzigen Gott.
„Wer betet, spricht im Geheimen zu seinem Herren." *(Anas Ibn Malik)*
Der betende Mensch spricht zu Gott, ruft Gott in dem Ihm zugeschriebenen Namen, singt die schönsten Lieder, tanzt. Beten ist die Hoffnung, erhört zu werden. Beten ist eine Entscheidung, ein rechtschaffener Mensch zu werden.
„Verlies, was dir vom Buch offenbart wird, und verrichte das Gebet. Das Gebet verbietet das Schändliche und das Verwerfliche." *(Sure 29,45)*
Der betende Mensch bittet Gott, auf dem „richtigen", auf dem von Gott gegebenen Weg zu bleiben. „Führe uns den geraden Weg, den Weg derer, die Du begnadet hast, die nicht dem Zorn verfallen und nicht irregehen." *(Sure 1,6-7)*

Beten ist die Bereitschaft, sich selbst und die eigenen Taten in Frage zu stellen, und in Frage gestellt zu werden. Es ist der Wunsch, in der Lage zu sein, das „Böse“ vom „Guten“ zu unterscheiden oder wenigstens Kenntnis darüber zu erwerben. Beten heißt, eine Fähigkeit zu entwickeln, für das „Schlechte“ und das „Gute“ Verantwortung zu tragen. Für die schlechten Taten bittet man bei Gott um Vergebung, für die guten Taten um sein Lob, seine Güte, seine Liebe. Beten ist volles Vertrauen zu Gott, es ist das Gefühl des Geborgenseins, das Gefühl, dass man nur bei ihm solchen Schutz und solche Zuflucht suchen und finden kann.
Beten ist eine Erinnerung an die Hilflosigkeit des Menschen in Not, aber auch Dankbarkeit und Freude für die Schöpfung der Menschen. Beten ist: sich vor Gott niederzuwerfen, ohne sich dabei gedemütigt zu fühlen. Beten kann auch heißen, nur Gott zu dienen, sich Gott völlig zu ergeben, in Liebe zu ihm ‚betrunken‘ zu werden.

Allein und in der Gemeinschaft beten
Im Islam wird das Beten in der Gemeinschaft sehr geschätzt. „Das Gebet des Mannes mit einem anderen Mann ist besser als sein Gebet, wenn er allein bleibt. Sein Gebet mit zwei Männern ist besser als sein Gebet mit einem Mann. Wenn sie aber noch zahlreicher sind, dann um so gottgefälliger.“ *(Abu Dawud)*

Die Gebete, die in der Gemeinschaft verrichtet werden, sind:
- am Freitagmittag;
- zur Feier des Fastenbrechens am Ende des heiligen Monats Ramadan;
- zur Feier des Opferfestes am Ende der alljährlichen Wallfahrt nach Mekka;
- im Falle einer Beerdigung einer Gläubigen, eines Gläubigen;
- in Zeiten der Kriege und Katastrophen.

Herausgehoben ist das Gebet am Freitagmittag. Dieses Gebet sollte unbedingt in der Gemeinschaft in der Moschee erfolgen. Sowohl im Koran wie auch in der Tradition wird diese Pflicht öfters betont. Zu diesem Gebet sind nur Männer verpflichtet, nicht Frauen und Kinder.
„Oh ihr, die ihr glaubt, wenn am Freitag zum Gebet gerufen wird, dann eilt zum Gedenken Gottes und lasst das Kaufgeschäft ruhen. Das ist besser für euch, so ihr Bescheid wisst.“ *(Sure 62,9)* oder: „Wenn einer dem Freitagsgebet dreimal aus Nachlässigkeit fernbleibt, versiegelt Gott sein Herz“ *(Abu Dawud)*.

Warum der Freitag als gemeinschaftliches Gebet? Traditionell wird es damit erklärt, dass Freitag der Markttag war, an dem alle Stämme aus der Gegend versammelt waren. Eine Religionsgemeinschaft, die über den Clan eines Stammes hinausgeht, benötigt gewisse Gemeinsamkeiten, die der Gemeinschaft Zusammenhalt gibt. Christentum und Judentum hatten je einen Tag, Samstag und Sonntag, an dem gemeinschaftlich gebetet wurde und ein gemeinsamer Feiertag gehalten wurde. Sie waren möglicherweise Vorbild, wie der Glaube an Gott in der neuen islamischen Gemeinschaft gestärkt und gefeiert werden konnte. Zwar hat der Freitag nicht den Charakter eines Ruhetags wie Sabbat oder Sonntag, doch das gemeinsame Gebet mit der Predigt lässt die Gemeinschaft im Glauben erfahrbar werden. Beim Gebet am Freitagmittag wird vor dem Beten eine Ansprache gehalten, in der verschiedene Probleme der Gemeinde behandelt werden. Bei den anderen herausgehobenen Gemeinschaftsgebeten geschieht dies danach.

Gebetsinhalte

Gott loben – Er der Gepriesene

Gott um seinetwillen zu loben, ist eine Grundhaltung im Islam. Man bedenke die schönsten 99 Namen Gottes. Diese 99 Namen Gottes in der Tradition offenbaren Gott in seinen vielfältigen Eigenschaften und machen deutlich, dass Gott unendlich viele Namen hat und nicht auf ein Bild oder eine Eigenschaft festzulegen ist.
Zu den Namen zählt etwa: Die Wahrheit, der Höchste, der Gerechte, der Wachsame, der Liebende, der Erhalter, der Gnädige, der Beschützer, der Schöpfer, der Heilige, die Quelle des Friedens, der Vergebende, der Allwissende...
Diese Namen zu kennen und im Gebet zu nennen heißt, Gott loben. Die Gebetsschnur, der „islamische Rosenkranz“, hat 33 Perlen, um an die dreimal 33 Namen Gottes zu erinnern.

Das Lob Gottes ist uneigennützig, man erwartet nichts dafür und verbindet keine Bitte damit. Jede Sure beginnt mit dem Lob Gottes. Am Anfang des Pflichtgebetes heißt es so: „Gott ist größer. Im Namen Gottes des Erbarmers, des Barmherzigen. Ich nehme Zuflucht vor Gott vor dem gesteinigten Teufel. Gepriesen seist Du o Gott. Dein ist das Lob. Gesegnet ist Dein Name. Erhaben sind Deine Majestät und Größe“.

Gott danken – Er, Der stets Gebende, der Ernährende, der Dankbarkeit Beantwortende

Gott danken ist ein Nachdenken, eine Besinnung darüber, wie barmherzig Er durch die Schöpfung, durch die Geschichte, mit der Sendung der Propheten des Menschen dachte und denkt.

„Darum gedenket Meiner, dann gedenke Ich euer und danket Mir und seid nicht undankbar gegen Mich." *(Sure 2,152)*

Gott für seine Rechtleitung, Barmherzigkeit und seine Nähe danken zu dürfen, ist eine Ehre für jeden betenden Menschen.

„Herr, lass mich einen Tag hungern und einen Tag satt sein; wenn ich hungere, bete ich zu dir. Wenn ich satt bin, spreche ich dein Lob." (*Muhammads Gebet*)

Gott um Vergebung bitten – Er der stets Vergebende, der Großmütige, der Barmherzige

Wenn der Mensch in seinem Herzen spürt oder von Gott gesagt bekommt, dass er einen Fehler begangen hat, bittet er um Vergebung. Aber auch wenn seine Familienangehörigen, die Menschen, die er lieb hat, oder sein Volk einen Fehler begehen, bittet er für sie um Vergebung. Die Vergebungsbereitschaft Gottes wird im Koran oft erwähnt Der Mensch kann Fehler begehen, sich von dem „rechten" Weg Gottes entfernen. Es ist aber wichtig, dass er über seine Tat nachdenkt, sich ihrer bewusst wird, sich zu Gott wendet.

„Er ist es, Der die Umkehr von Seinen Dienern annimmt und die Missetaten verzeiht. Und Er weiß, was ihr tut." *(Sure 42,25)*

„Und bittet Gott um Vergebung, Gott ist ja voller Vergebung und barmherzig." *(Sure 73,20)*

„O Mein Herr, vergib mir meinen Fehltritt, meine Unwissenheit, meine Übertretung in allen meinen Zuständen, alles das, was Du besser weißt als ich. Mein Gott, vergib mir, meine unabsichtliche und absichtliche Sünde, meine Unwissenheit und meinen eitlen Scherz, denn dies alles ist bei mir vorhanden." *(Muhammads Gebet, bei Buchari überliefert)*

Gott bitten – Er, der Leben schenkt, der Allergeduldigste, der Wohlwollende, der Verteiler aller Güter

Das Erste, was ein Muslim sich von Gott wünscht ist, dass Er ihn und seine Familie nicht verlässt, daß Er ihn zu Seinen rechtschaffenen Dienern zählt. Der betende

Mensch bittet Gott um etwas, was ihm fehlt, was er sich und den anderen wünscht. Er darf Ihn nicht um etwas Unheiles, um das schlechte Ergehen der anderen bitten. Was fehlt, kann das tägliche Brot sein, aber auch der Regen. Es kann Frieden für die ganze Welt sein, aber auch die Heilung einer Krankheit. Er kann um die Ruhe im Grab der Verstorbenen bitten, aber auch um das schnelle Zusammenkommen der Liebenden.
„O Herr, gib mir mehr Wissen." *(Muhammads Gebet)*

Gebetserhörung – Er, der die Gebete erhört
Wer Gott ruft, Ihn anbetet, Ihn um etwas bittet, erwartet auch, von Ihm erhört zu werden. Im Koran wird die Erhörung der Gebete durch Gott zugesichert.
„Wenn dich (Muhammad) meine Diener nach Mir fragen, so bin Ich nahe, und Ich erhöre den Ruf des Rufenden, wenn er Mich anruft." *(Sure 2,186)*
„Lob sei Gott, der mir trotz meines Alters Ismael und Isaak geschenkt hat! Mein Herr erhört das Rufen." *(Sure 14,39 Abrahams Gebet)*
„Mein Herr, baue mir ein Haus bei Dir im Paradies, und errette mich vom Pharao und seinem Handeln, und errette mich von den Leuten, die Unrecht tun." *(Sure 66,11 Das Gebet der Frau des Pharaos)*

Gebetsarten

Freies Gebet (du'a)
Das freie Gebet ist das Gebet, bei dem nach Wunsch und Bedürfnis Gott gerufen wird. Diese Gebete können alleine verrichtet werden.

Pflichtgebet (Salat)

Die Übersetzung „Pflichtgebet" für den arabischen Ausdruck ‚*salat*' gibt nicht ganz wieder, was damit gemeint ist. Es ist das Gebet, das mit rituellen Bewegungen (Bilder s. Seite 124 f.) verbunden ist, und stammt aus der jüdischen und christlichen Tradition. Wörtlich heißt es ursprünglich „sich niederbeugen". Für jeden erwachsenen Menschen, der sich zum Islam bekennt, sind bestimmte Grundpflichten zu erfüllen. Sie sind die so genannten fünf Säulen des Islam. Eine davon ist das Pflichtgebet, das fünfmal am Tag verrichtet werden muss. Es kann allein oder in der Gruppe verrichtet werden.

„Gott der Erhabene sagte: Das Gebet ist für die Gläubigen eine Vorschrift, die für bestimmte Zeiten festgesetzt ist.“ *(Sure 4,103)*
Beim Pflichtgebet werden Verse aus dem Koran rezitiert und das Glaubensbekenntnis wird immer wieder gesprochen. Es können zusätzlich weitere Gebete ausgesprochen werden, die entweder selbst formuliert oder auch allgemein bekannt sind. Muhammads Gebete, die in der Tradition überliefert worden sind, sind sehr beliebt. Außerdem werden Koranstellen, von denen gesagt wird, dass sie Muhammad öfters rezitiert hätte, gern ausgesprochen. Gebete, Lieder oder auch Gedichte aus der Tradition werden rezitiert.
Sehr häufig betet man die erste Sure des Korans. Sie heißt *Fatiha*, die Eröffnende, weil mit ihr der Korantext insgesamt eröffnet wird.
„Im Namen Gottes, des barmherzigen Erbarmers.
Lob sei Gott, dem Herrn der Welten,
dem barmherzigen Erbarmer,
dem König des Gerichtstags.
Dich verehren wir
und Dich rufen wir um Hilfe an.
Führe uns den rechten Weg,
den Weg derer, denen Du gnädig bist,
nicht derer, denen Du zürnst
und nicht derer, die irregehen“. *(Sure 1)*

Gebetshaltungen beim Pflichtgebet
Zu Gott rufen oder beten erfordert eine gewisse Konzentration und eine Distanz zum Alltag. Deswegen muss vor dem Pflichtgebet eine Reinigung erfolgen. Der Raum muss begrenzt sein, dann spricht man die Absicht aus, beten zu wollen.
Im folgenden werden die Gebetshaltungen beschrieben.

– Stehen (mit den Händen an den Seiten): Zu Beginn des Gebetes wird die Absicht – als Gebet oder in Gedanken – formuliert, ein Gebet zu verrichten
– Abb. 1: Rezitieren von „Gott ist größer“ („Allahu akbar“)
– Abb. 2: Rezitation der 1. Sure, al-Fatiha, die Eröffnende
– Abb. 3: Bei der Verbeugung wird „Gott ist größer“ gesprochen und im Aufrichten:

„Gepriesen ist mein Herr, der Gewaltige". (Abb. 3). Aufgerichtet (mit den Händen an den Seiten) folgen die Worte: „Gott hört denjenigen, der ihn lobpreist" und „Oh Gott, unser Herr; Dir allein gebührt Lobpreisung." Dies wird jeweils wiederholt.

- Abb. 4: Die Niederwerfung wird in jeder Gebetseinheit zweimal durchgeführt und dabei gesagt: „Gepriesen ist mein Herr, der Erhabene".
- Abb. 5: Im knienden Sitzen werden unter anderem folgende Worte gebetet: „Die Grüße sind Gottes, auch die Gebete und alles Gute. Friede sei mit dir, oh Prohpet und die Gnade und der Segen Gottes. Friede sei mit uns und den frommen Dienern Gottes. Ich bezeuge, dass es keinen Gott außer Gott gibt und ich bezeuge, dass Muhammad Sein Diener und Gesandter ist."
- Abb. 6: Der Friedensgruß: Man wende den Kopf nach rechts und nach links und sagt: „Friede sei mit Euch und Gottes Erbarmen!"

Die Gebetseinheiten sind gleich aufgebaut, werden aber zu den fünf Gebetszeiten unterschiedlich oft wiederholt.

- Abb. 7: Im knienden Sitzen werden im Anschluß an das Pflichtgebet weitere aus der Tradition stammende Gebete gesprochen.

Abb. 1

Abb. 2

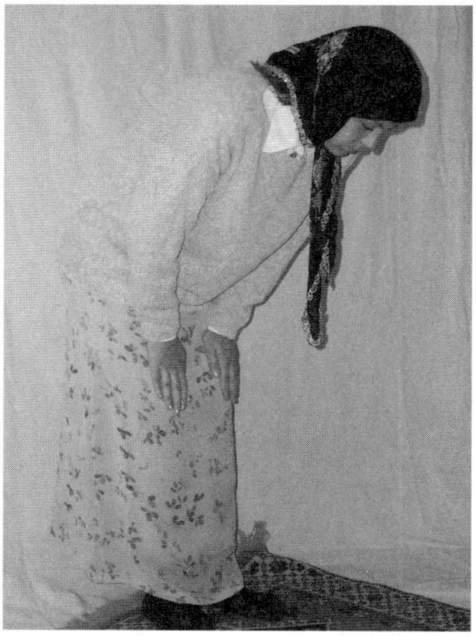
Abb. 3

Abb. 4

Abb. 5

Abb. 6

Abb. 7

Fotos: Mehmet Ünal, Mannheim

Orte des Gebets

Orte des Betens sind die Moschee bzw. ein Gebetsraum. Es kann aber auch jeder Ort sein, an dem sich Menschen versammeln und gemeinsam beten. Das gemeinsame Beten zu den festgesetzten Zeiten ist das Pflichtgebet *(salat)*. Wichtig ist dabei, dass der Ort des Gebets von der Umgebung abgegrenzt wird. In einer Moschee ist diese Voraussetzung am besten gegeben. Verrichtet man aber das Pflichtgebet unterwegs oder zuhause, dann muss der Ort herausgehoben sein. Das kann mit einem kleinen Teppich (daher der Gebetsteppich) bis hin zu einer einfachen Zeitung symbolisiert werden. Es kann aber der Tradition nach auch ein religiöser Gegenstand sein, der Richtung Mekka weist und die Konzentration garantiert. Wichtig ist jedenfalls, dass man beim Beten einen Raum hat, in dem man nicht gestört ist, auch wenn dieser Raum nur ideell als Abgrenzung besteht.
Das freie Gebet *(du'a)* kann im Gegensatz dazu an jedem Ort, zu jeder Zeit, alleine und in der Gemeinschaft gesprochen werden.
Das mystische Gebet *(dhikr)* wird meist in der Gemeinschaft abgehalten. Die Wiederholung der Worte und der Bewegungen dienen dazu, sich ganz in das Gebet zu versenken und Gott nahe zu kommen. Es wurde besonders in den Sufi-Orden entwickelt.

Zeiten des Gebets

Fünf Zeiten sind festgelegt, an denen das Pflichtgebet erfolgen soll: mittags, nachmittags, abends, in der Nacht und in der Morgendämmerung.

Gebetsruf

Der Muezzin ruft in arabischer Sprache zum Gebet *(arab.: salat)* zu den festgelegten Gebetszeiten. Der Text des Gebetsrufes lautet in der deutschen Übertragung etwa:
„Gott ist groß. Gott ist groß.
Ich bezeuge, dass kein Gott ist außer Ihm.
Ich bezeuge, dass Muhammad Gottes Gesandter ist.
Auf zum Gebet.
Auf zum Heil.
Gott ist groß. Kein Gott ist außer ihm.
Gott segne, gebe das Heil und gebenedeie unseren Herrn Muhammad und seine Angehörigen und seine Gefährten allesamt."

Gebetsrichtung

Die Gebetsrichtung ist Richtung Mekka. In der Anfangszeit des Islam betete man – analog zur jüdischen Gemeinde – nach Jerusalem. Etwa zwei Jahre nach der Auswanderung der muslimischen Gemeinde nach Medina änderte Muhammad die Gebetsrichtung nach Mekka, zur Kaaba hin. Ein Grund war sicher die heftige Auseinandersetzung, die Muhammad mit den Juden in Medina hatte. Die Kaaba wurde immer mehr zum religiösen Zentrum, die im Islam als von Ibrahim *(Abraham)* gegründet gilt.

Beten im Christentum

Was ist beten?

„Betet ohne Unterlass! Dankt für alles; denn das will Gott von euch, die ihr Christus Jesus gehört." *(1. Thess 5,17-18).* Wer betet, nimmt Beziehung mit Gott auf. Je nach Anlass und Form des Gebets drückt sich das Verhältnis zu Gott aus. Beten antwortet dabei nicht nur auf die Nähe oder Erfahrung Gottes, sondern kann auch klagende und bittende Antwort auf die Erfahrung der Gottverlassenheit sein. Wer betet, breitet sein Leben vor Gott aus. Form, Inhalt und Zeitpunkt des Gebets können dabei sehr verschieden sein. Das Gebet in der Gemeinschaft wird in den Gottesdiensten, aber auch bei anderen Zusammenkünften, gepflegt. Das persönliche Gebet ist weder an eine Form noch an Zeiten gebunden.

„Bittet, so wird euch gegeben, sucht, dann werdet ihr finden; klopft an, dann wird euch geöffnet.“ *(Mt 7,7).* Diese Zusage ist nicht als magische, automatische Erfüllung zu verstehen. Vielmehr stellen die Betenden ihr Leben in den Horizont Gottes. Beten meint somit auch, sich mit dem Gegebenen nicht abzufinden, zu fordern, anzuklagen, Mut zu haben, sich ein anderes Leben vorzustellen. Die umgebende Wirklichkeit hat nicht das letzte Wort, die so genannten ‚Sachzwänge‘ und objektiven Gegebenheiten werden vor Gott gebracht. Indem wir Gott für etwas und für andere bitten, stellen wir unsere Wünsche in eine entgrenzende Weite hinein, die den Rahmen unserer begrenzten Möglichkeiten übersteigt. Insofern ist Beten immer eine Beziehung, die zu Gott hergestellt wird. Die Bitten Gott gegenüber eröffnen das Ringen um das Vertrauen darauf, dass Gott seine heilvolle Zuwendung zu den Menschen nicht fallen lässt. Darin eröffnet Beten auch den Blick für eine neue Sicht und neue Wege, und es stärkt das eigene Handeln.

Beten umfasst die ganze Bandbreite menschlichen Lebens und Empfindens. So wird das Wort Beten im Alten Testament mit verschiedenen Gesten des Menschen verdeutlicht: zu Gott rufen, schreien, sich niederwerfen, zu Gott kommen. Alle Gefühle werden in das Gebet hineingelegt: von der Klage, dem Schreien in Not, dem Schweigen, der Bitte, dem Flehen, vom Dank über das Gotteslob bis hin zur demütigen, die Macht und Größe Gottes anerkennenden Anbetung. Beten ist auch eng mit dem ‚dankbar sein in allen Dingen‘ verknüpft, mit der Gabe wahrzunehmen, dass und wo wir beschenkte Menschen sind.

In den biblischen Texten und in der christlichen Geschichte finden wir eine Vielzahl von Anreden und Titeln, mit denen Gott im Gebet angesprochen wird. Die liturgische Sprache der Kirche hat diese Vielzahl auf einige dogmatisch zentrale Titel verdichtet, so besonders in der dreifachen Anrede des einen Gottes als Vater, Sohn und Heiliger Geist. Dabei handelt es sich um drei Vollzugsweisen Gottes: in seiner (auch mütterlichen) Väterlichkeit, seiner Mitmenschlichkeit und in seiner alles verbindenden Kraft (s. dazu auch „Frauengebete“, S. 133).

Einzel- und Gemeinschaftsgebet

Persönliches Gebet

Ein persönlich gesprochenes Gebet in freier Formulierung kann in allen Lebenslagen laut oder lautlos alleine und in der Gemeinschaft gesprochen werden. Es ist weder an

Orte noch an bestimmte Zeiten gebunden. Es hat ganz elementar mit der Situation der Betenden zu tun. Begegnungen, Erlebnisse oder auch in einer ruhigen Minute Erinnertes lassen spontane oder regelmäßige Gebete entstehen. Gedanken, Wünsche, Bitten werden vor Gott ausgesprochen. Auch meditative Stille kann (als „Leerwerden" vor Gott) eine Form von Gebet sein.
Persönliche Anliegen lassen sich sowohl durch frei formulierte Rede zu Gott wie durch Gebete aus der Tradition ausdrücken. Manchmal fällt es leichter, auf ein schon formuliertes Gebet zurückzugreifen, um ein bestimmtes persönliches Anliegen zu unterstreichen oder um überhaupt damit das Beten zu beginnen.

Gebet in der christlichen Gemeinschaft
Gemeinsam gebetet wird: im Gottesdienst, in Familien, bei gemeinsamem Tun (Essen, Feiern, Begräbnis usw.). Gebete der Gemeinschaft stammen aus der Bibel oder der Tradition der Kirchen, zuweilen auch aus der Geschichte der Gemeinschaften selbst (z.B. in Orden). Zu allen Zeiten gehörten die Psalmen des Alten Testaments und das *Vater unser* zu den zentralen Gebeten der Kirchen. Gemeinschaftliches Beten in den liturgischen Feiern der Kirchen vertieft die Selbstvergewisserung der religiösen Gemeinschaft. Nach dem Vorbild Jesu, der selbst als Jude betete und seine Anhänger und Anhängerinnen zum Gebet aufforderte, versichert sich die Gemeinschaft ihres Zusammenhaltes und ihres Glaubens an Gott im gemeinsamen Beten.
Das Vater unser als das Gebet, von dem in der Bibel steht, dass Jesus es seinen Jüngerinnen und Jüngern gelehrt hat, verbindet alle christlichen Konfessionen miteinander.

Vater unser im Himmel.
Geheiligt werde dein Name.
Dein Reich komme,
dein Wille geschehe,
wie im Himmel, so auf Erden.
Unser tägliches Brot gib uns heute.
Und vergib uns unsere Schuld,
wie auch wir vergeben unseren Schuldigern.
Und führe uns nicht in Versuchung,
sondern erlöse uns von dem Bösen.
Denn dein ist das Reich und die Kraft und die Herrlichkeit, in Ewigkeit. Amen.

Kalligraphie „Vater unser"

Gebetsinhalte

Unterschiedliche Haltungen des Menschen Gott gegenüber führten zu der folgenden Einteilung der Gebetsinhalte. Im persönlichen Gebet wie schon in den Psalmen selbst stehen meist die unterschiedlichen Formen nebeneinander oder gehen ineinander über. Im Prozess des Betens wandelt sich die Klage in Hoffnung (*Psalm 22*) oder führt das Lob zur Bitte.

Lob Gottes

Im Lob Gottes bündelt sich die Anerkenntnis Gottes als Schöpfer des Lebens, als lebenstragendes Gegenüber zum Menschen. Die ganze Schöpfung wird zum Lob eingeladen. Gott loben heißt, ihn anerkennen, ihm Treue zutrauen und Ehrfurcht schenken. Die Erinnerung und Aussprache des Guten, das von Gott erlebt und empfangen wird, geben der Gemeinschaft, die sich darin vergewissert, auch Ansporn und Richtung in der eigenen Lebensgestaltung.

Psalm 150
Halleluja!
Lobet Gott in seinem Heiligtum, lobet ihn in der Feste seiner Macht!
Lobet ihn für seine Taten, lobet ihn in seiner großen Herrlichkeit!
Lobet ihn mit Posaunen, lobet ihn mit Psalter und Harfen!
Lobet ihn mit Pauken und Reigen, lobet ihn mit Saiten und Pfeifen!
Lobet ihn mit hellen Zimbeln, lobet ihn mit klingenden Zimbeln!
Alles, was Odem hat, lobe den HERRN! Halleluja!

Liedbeispiel: Großer Gott, wir loben dich!
(Gotteslob 257, Evangelisches Gesangbuch 331)

Dankgebet
Aus der Erfahrung von Gottes Liebe und Güte, der Bewahrung vor Unheil oder eines gelungenen und glücklichen Lebens heraus lebt das Dankgebet. Gott danken bedeutet, sich bewusst zu werden, dass vieles im Leben direkt geschenkt und nicht aus eigener Macht und Mächtigkeit entstanden ist, sondern sich der Gnade Gottes verdankt. Aber auch die eigenen Leistungen und Fähigkeiten sind letztlich von Gott geschenkt und sind somit ebenfalls Grund des Dankes.

Psalm 57,10-12
Herr, ich will dir danken unter den Völkern,
ich will dir lobsingen unter den Leuten.
Denn deine Güte reicht so weit der Himmel ist,
und deine Wahrheit, so weit die Wolken gehen.
Erhebe dich, Gott, über den Himmel
und deine Herrlichkeit über alle Welt. (Evangelisches Gesangbuch 728)

Liedbeispiel: Nun danket alle Gott (Gotteslob 266, Evangelisches Gesangbuch 321)

Bittgebet
Im Bittgebet bittet der Mensch Gott um etwas, was er alltäglich benötigt, bis hin zu dramatischen Erfahrungen, in denen Gott um Hilfe angefleht wird. In der Bitte

kommt gleichzeitig das Vertrauen auf einen Gott zum Ausdruck, der nahe ist, aber die Sehnsüchte und Ängste kennt und ernst nimmt. Fürbitte ist eine Form der Bitte, für andere Menschen bzw. für bestimmte Situationen den Segen Gottes zu erflehen. Sie ist Teil jedes Gottesdienstes, der immer auch über den eigenen Horizont hinausweisen soll.

Psalm 25,4-7
Zeige mir, Herr, deine Wege
und lehre mich deine Pfade! Führe mich in deiner Treue und lehre mich!
Denn du bist der Gott meines Heiles. Auf dich hoffe ich allezeit.
Denk an dein Erbarmen, Herr, und an die Taten deiner Huld;
denn sie bestehen seit Ewigkeit.
Denk nicht an meine Jugendsünden und meine Frevel,
in deiner Huld denk an mich, Herr, denn du bist gütig!

Klagegebet
Verzweiflung und Zweifel an Gott finden ihren Ort in der Klage über Gottverlassenheit, Gottes Verborgenheit, die ausbleibende Hilfe in Not. Die Krise in der Beziehung zwischen Mensch und Gott äußert sich in der Klage und Anklage, wobei gerade die Klage dazu führt, die Beziehung aufrechtzuerhalten, wenn auch im Konflikt. Die Klagegebete der Psalmen spiegeln immer wieder den dynamischen Prozess, wie die Klage zur Hoffnung führen kann.

Psalm 22,2-3.12-15.22-23
Mein Gott, mein Gott, warum hast du mich verlassen,
bist fern meinem Schreien, den Worten meiner Klage?
Mein Gott, ich rufe bei Tag, doch du gibst keine Antwort;
ich rufe bei Nacht und finde doch keine Ruhe. ...
Sei mir nicht ferne, denn die Not ist nahe,
und niemand ist da, der hilft.
Viele Stiere umgeben mich,
Büffel von Baschan umringen mich.
Sie sperren gegen mich ihren Rachen auf,
reißende, brüllende Löwen.

Ich bin hingeschüttet wie Wasser, gelöst haben sich all meine Glieder.
Mein Herz ist in meinem Leib wie Wachs zerflossen. ...
Rette mich vor dem Rachen des Löwen, vor den Hörnern des Büffels – du antwortest mir!
Ich will deinen Namen meinen Brüdern verkünden, inmitten der Gemeinde dich preisen.

Liedbeispiel: O Haupt voll Blut und Wunden (Gotteslob 179 Evangelisches Gesangbuch 85)

Frauengebete
Seit dem letzten Jahrhundert organisierten sich kirchliche Frauen in Frauenverbänden. Innerhalb der Verbände gab und gibt es eigene Formen des Gebets. Eine Frucht davon ist der heute in 170 Ländern verbreitete Weltgebetstag der Frauen. Frauen eines Landes formulieren in ökumenischer Gemeinschaft einen Gottesdienst, der weltweit am gleichen Tag von Frauen der jeweils örtlichen Gemeinden gebetet und gestaltet wird.
In den letzten Jahrzehnten haben viele Frauen ihr Unbehagen mit den Formen der Tradition und den traditionellen Gebeten formuliert. Ihre spezifischen Anliegen fehlten in den herkömmlichen Gebeten. Frauen fühlten sich in der überkommenen Form der Gottesdienste zunehmend fremd. Ebenso übten Frauen Kritik an einer Rede über Gott, die ausschließlich männliche Gottesnamen benutzte (Richter, Herr, König usw.). Bei der Suche nach neuen Gebeten und Gottesdienstformen haben Frauen darauf geachtet, dass die Gottesanrede so gestaltet ist, dass sie auch Frauenerfahrungen miteinschließt. Durch verstärkte theologische Forschung von Frauen und durch das Lesen der Bibel mit den Augen der Frauen kamen in den letzten Jahrzehnten die Frauentraditionen der Bibel wie der Kirchengeschichte stärker als bisher in den Blick und wurden für die Theologie und die kirchliche Glaubens- und Gebetspraxis fruchtbar gemacht. (Beispiele s. Seite 139 f., 168, 172 ff)

Orte des Gebets

Der zentrale Ort des Gemeinschaftsgebets sind Kirchen und kirchliche Räume, es kann aber auch jeder Ort sein, an dem sich die Gemeinde versammelt, gemeinsam betet und Gottesdienst hält.

Persönliche Gebete sind überhaupt nicht ortsgebunden. Menschen beten nicht nur in Kirchen, sondern an jedem Ort. Gebete werden zuhause gesprochen, unterwegs, z.B. in der Natur, zu persönlichen Gebetszeiten oder etwa bei dem Besuch der Gräber.

Zeiten des Gebets

Eine festgelegte Zeit für den christlichen Gottesdienst ist der Sonntag. Neutestamentlich wird der Sonntag als erster Tag der Woche verstanden. Der Tag der Auferstehung Jesu wird als erster Tag (der neuen Schöpfung verstanden *2. Kor 5,17*), als dritter Tag (der Auferstehung *1. Kor 15,4*) und als achter Tag (der Erscheinung Jesu nach seinem Tod *Joh 20,26*) hervorgehoben. Als solcher war er der Tag der Versammlung der Gemeinde, in der gebetet und Abendmahl bzw. Eucharistie gefeiert wurde.

Anschließend an die jüdische Tradition gab es in der frühen Kirche an weiteren Gebetszeiten das Stunden- oder Tageszeitengebet im Morgengrauen, zur dritten, sechsten und neunten Stunde und in der Nacht. Besonders in der klösterlichen (und auch katholisch-priesterlichen) Spiritualität erhielten sich diese Gebetszeiten im „Brevier". Im Alltag blieben traditionell das Morgengebet, das Tischgebet am Mittag und das Abendgebet erhalten. Davon unabhängig ist ein persönliches Gebet jederzeit möglich.

Gebetshaltung

Je nach kirchlicher Tradition gibt es unterschiedliche Haltungen für das Gebet: Stehen, Knien oder Sitzen. Stehen drückt die Haltung der Ehrfurcht und die Bereitschaft zum Hören aus. Knien kennzeichnet Anbetung, das Bekenntnis der eigenen Schuld oder einfach nur das persönliche Gebet. Sitzen kennzeichnet die Bereitschaft zum Hören, sich Zeit für die Öffnung zu Gott zu nehmen. Im Gottesdienst sind – je nach christlicher Tradition unterschiedlich – bestimmte Körperhaltungen den einzelnen Teilen der Liturgie zugeordnet.

Beispiel: Stehen beim Verlesen des Evangeliums (kath./ev.); Knien bei dem Hochgebet der Eucharistie (kath.); Stehen beim Vater unser oder Segen (kath./ev.); Sitzen bei Lesungen aus der Bibel. Beten wird zusätzlich oft durch die Handhaltung (Hände falten oder ausstrecken) unterstützt.

Gebetsruf

Glockenläuten zeigte ursprünglich das Stundengebet an und war die Aufforderung, zum Gottesdienst zu kommen bzw. sich zuhause dem Gebet anzuschließen. Je nach Tageszeit gab es ein eigenes Gebet. Die Totenglocke zeigte an, wenn jemand verstorben war, und rief zum Gebet. Heute wird, je nach kirchlicher Tradition, noch zu unterschiedlichen Zeiten geläutet, vor allem aber an Sonn- und Feiertagen vor dem Beginn der Gottesdienste und während des ‚Vater unser'.

Gebetsrichtung

Im Christentum gibt es keine festgelegte Gebetsrichtung. Die Altarräume der Kirchen sind allerdings nach Osten und der Heiligen Stadt Jerusalem gerichtet!

Volksfrömmigkeit

Volksfrömmigkeit nennt man religiöse Ausdrucksformen am Rande der „offiziellen" Religion. Zur Volksfrömmigkeit gehören Riten und Gebete, besonders im Bereich des Umgangs mit Toten und dem Tod, des Suchens nach Schutz und Unterstützung in bestimmten Lebenszeiten (Geburt, Heirat, Tod), der (vor allem bäuerlichen) Arbeitswelt, des Kirchenjahrs, der Familienanliegen, der Orientierung an dem Kreislauf der Natur (Kräuterweihe, Flurumgänge), der Verehrung von Reliquien von Heiligen oder von Gräbern (Der Übergang zum religiösen Brauchtum ist fließend.). In den letzten Jahrzehnten wurde besonders in Südamerika das religiöse Brauchtum zunehmend als Ort des Überlebens der Kultur und der Inkulturation des Christentums gewürdigt. Zum Teil übernahmen die Kirchen Riten des Brauchtums, in der katholischen Tradition stärker als in der protestantischen.

Gebetshaltungen kennen lernen

Ziel: Kennen lernen von verschiedenen Gebetshaltungen im Christentum und im Islam.
Die Vielfalt der Gebetshaltungen bei den unterschiedlichen Anlässen und in verschiedenen kulturellen Kontexten kennen lernen und miteinander über das Gebet/Beten ins Gespräch kommen.

Material: Das Modell sollte in vorheriger Absprache mit den Teilnehmerinnen durchgeführt werden. Klären Sie, ob Frauen bereit sind, über ihre Haltung beim Gebet zu sprechen. (Für die islamische Gebetshaltung s. auch Seite 125 ff.); Plakat, Stifte.
Erster Schritt: Frauen tauschen sich untereinander aus, wie ihre Haltungen beim Gebet sind. Beim islamischen Ritualgebet ist die Haltung festgelegt, aber bei privaten Gebeten nicht. Für christliche Frauen bietet sich an, über die Haltung beim Gottesdienst sowie beim privaten Gebet zu sprechen (Händehaltung, Knien, Sitzen, Stehen etc.).
Zweiter Schritt: Die Frauen sprechen zu zweit miteinander, was ihnen die Haltungen bedeuten, von wem sie sie gelernt haben, was sie ihnen sagen, welche Atmosphäre sich für sie damit verbindet. Dabei kann der Unterschied von Gebetshaltungen innerhalb der christlichen Traditionen deutlich werden.
Dritter Schritt: Im Plenum wird zunächst zusammengetragen, welche Elemente wichtig waren (z.B.: Atmosphäre, Konzentration, Vergessen der Umwelt, Freude, Zusammenhalt o.ä.); diese werden auf das Plakat geschrieben. Im gemeinsamen Gespräch über diese Punkte wird erarbeitet, ob es Übereinstimmungen im Beten gibt, unabhängig von der Religion, oder wo sich im Erleben etwas unterscheidet.
Abschluss: Einige für Teilnehmende wichtige traditionelle Gebete.

Erfahrungen mit Beten austauschen

Ziel: Miteinander über das Gebet/Beten ins Gespräch kommen.
Inhalte und Situationen (Atmosphäre) der Gebete in den Mittelpunkt rücken.
Material: Papier, Stifte
Zeit: ca. 120 Minuten
Einstieg: Viele von uns haben in der Kindheit das Beten gelernt und/oder Eltern bzw. Großeltern und andere Verwandte beim Beten erlebt. An diesen Erfahrungen wollen wir heute anknüpfen. Bitte erinnern Sie sich an ein Kinder-/Tisch-/Morgen- oder Abendgebet oder an das Beten im Gottesdienst oder während des Gemeinschaftsgebetes und an die Atmosphäre, in der gebetet wurde.
Erster Schritt: Die Teilnehmerinnen nehmen sich Zeit allein nachzudenken und sich zu erinnern. Die Gedanken werden aufgeschrieben oder gemalt.
Zweiter Schritt: In Kleingruppen tauschen sich die Frauen über die Gebete aus, an die sie sich erinnert haben.

Folgende Fragen können Ihr Gespräch begleiten:
- Wie lauten die Worte ‚Ihres Gebets' (in etwa, oder vielleicht wissen Sie den genauen Wortlaut)?
- Wie war die Atmosphäre, der Duft, der Geruch während des Gebetes?
- Was war der Anlass des Gebetes (Tischgebet, Gebet vor dem Einschlafen...)?
- Von wem haben Sie Ihr Gebet gelernt?
- Kennen Sie Gebete, die von Frauen bevorzugt gebetet wurden/werden?

Dritter Schritt: Im Plenum werden die Ergebnisse der Gespräche in den Kleingruppen ausgetauscht.
Abschluss: Das Lesen eines ‚bekannten' Gebetes aus dem Christentum und aus dem Islam.

5.4 Segen – Segnen

Segen im Christentum

Tschüss – wer vermutet hinter diesem kurzen Gruß schon einen Segen? Doch selbst hinter dem heute üblichen „Tschüss" kann man diese Tiefe entdecken. Denn „Tschüss" kommt aus dem französischen „Adieu", wörtlich „zu Gott, Gott befohlen". Jeder Gruß drückte zunächst einmal einen Segenswunsch aus. Die meisten Grußformeln gehören zum Alltag, sie werden oft ganz gedankenlos gebraucht. Aber auch wenn heute durch den alltäglichen Gebrauch dieses Bewusstsein gar nicht mehr vorhanden ist, steckt in den Worten selbst noch die Bedeutung. Der tiefere Sinn kann auch zum Vorschein kommen, wenn diese Worte bewusst gesprochen werden. So können sie einen tiefen, wunderbaren und tröstlichen Klang bekommen. Legt man in ein herzliches „Guten Tag" die Wünsche und Hoffnungen für eine Person hinein, dann kann eine Fülle der Zuneigung, Fürsorge und Geborgenheit durchschimmern und der Gruß lebendig werden.
Der Segen war immer wichtig für die Menschen. Man wusste: Ein Vorhaben konnte allein durch eigene Kraft nur bedingt gelingen. Zu viele Widrigkeiten, die nicht in der eigenen Hand liegen, können die Pläne vereiteln. Zu vielen Gefahren war man ausgesetzt, um auf den Segen und Schutz Gottes verzichten zu können. Der Segenswunsch

anderer ließ erkennen, dass nicht alles machbar ist. Im Segen schimmert durch, dass beide, die Segnenden und die Gesegneten von sich absehen, von eigenen Leistungen und Verdiensten, für die man garantieren könnte. Die Segnenden vertrauten sich einer Sprache und einem Gestus an, die größer sind als ihr Herz. Die Kraft des Segens wird leiblich durch Gesten oder Handauflegung weitergegeben. Der Segen macht die Nähe Gottes leib- und sinnenhaft erfahrbar. Die Gesten lassen den Segen begreifbar und erlebbar werden. Die Berührung ist wichtig, um auch körperlich zu erfahren, dass die Kraft Gottes jeder und jedem gilt.

Das Wort „segnen" kommt von „signare", „bezeichnen". In der christlichen Tradition heißt es ausdrücklich: mit einem Kreuz bezeichnen. Ein weiteres lateinisches Wort für Segen ist „benedicere", es bedeutet „gut-sagen, wohl-meinen". Nach der Definition im Benediktionale, dem katholischen Liturgiebuch für Segenshandlungen, sind Segnungen „Zeichenhandlungen der Kirche, in denen Gott für seine Gaben gepriesen und sein Heil auf die Menschen herabgerufen wird". Das, was für das Leben wichtig ist, wird bezeichnet. Die Kraft des Segens liegt dann darauf. Diese Dimension hat sich besonders in der katholischen Volksfrömmigkeit durch die vielen Segenszeichen, die das Leben begleiteten, erhalten. Das Kreuz auf dem Brot, bevor man es anschnitt, das Weihwasser im Haus, der Flurumgang oder das Kreuz auf der Stirn von Kindern, bevor sie aus dem Haus gingen, waren und sind solche in den Alltag übergegangene Symbole. Es ist inzwischen ökumenischer Konsens, dass die Segensgebete bei Gegenständen sich nicht auf die Gegenstände selbst beziehen, sondern auf die Menschen, die sie gebrauchen.

In der Bibel gehört der Segen Gottes von Anfang an zum Leben dazu. In der Schöpfungserzählung segnet Gott die Menschen. Auch die Schöpfung wird gesegnet, wird gutgeheißen. Sie hat damit,wie der Mensch, eine Ausrichtung auf eine gute Zukunft hin. Die Menschen sind befähigt und ermächtigt, Segen für andere zu sein und den Segen Gottes weiterzugeben. Einer der ältesten Segensformen, der so genannte aaronitische Segen, wird heute noch in der Liturgie häufig verwendet. Er stammt aus dem Buch Numeri (4. Buch Mose), 6,24-26 (s. Seite 172). Dieser Segen sowie weitere Segenswünsche gehören zu den Texten, die inzwischen bei Ausgrabungen in Israel auf Amuletten gefunden wurden und damit die ältesten belegten Texte der Bibel sind.

Im Alten Testament gibt es zudem die Formulierung in den Psalmen, dass Menschen Gott segnen. Auf den ersten Blick mag das merkwürdig klingen. Doch letztlich wird der Segen des Menschen über Gott als Gotteslob aufgefasst. Gutes wird vom Men-

schen als von Gott kommend erfahren und in Anerkennung seiner Gaben wird Gott im Lob gesegnet: „Lobe den Herrn, meine Seele, und was in mir ist, lobe seinen heiligen Namen! Lobe den Herrn, meine Seele, und vergiss nicht, was er dir Gutes getan hat!“ (*Psalm 103,1-2*).
Viele Menschen geben in den biblischen Erzählungen auch selbst den Segen weiter. Ältere Menschen segnen ihre Kinder oder Verwandte. Besonders der Segen über den Ältesten als den Erstgeborenen spielt in den Erzählungen eine wichtige Rolle. Dabei ist es keine Frage, dass Gott als die Quelle alles Guten verstanden oder erfahren wird. Auch im Neuen Testament wird der Segen weitergegeben. Jesus segnete die Kinder und auch die Jünger, er segnete das Brot und den Wein beim letzten Abendmahl und gab den Auftrag zum Segnen weiter.
In der kirchlichen Praxis hat deshalb der Segen eine wichtige Funktion durch alle Jahrhunderte hindurch eingenommen. Er ist in allen Kirchen Teil des Gottesdienstes. Am Schluss des Gottesdienstes wird der Segen als Schutz und Stärkung Gottes für den Alltag gegeben.
In der röm.-kath. Kirche und in der orthodoxen Kirche ist das Segnen sehr ausgeprägt. Viele Segenstraditionen gingen in die Volksfrömmigkeit ein. Gerade mit der Verehrung von Heiligen und ihren Stätten ist eine tiefe Suche nach Segen verbunden. Dagegen gibt es im evangelischen Bereich traditionell eher eine Zurückhaltung bei Segenshandlungen aus der Volkstradition, weil sie vielfach als Magie verdächtigt wurden bzw. die Heiligentradition im evangelischen Bereich nicht sehr ausgeprägt ist.

Segen und Segnen als Frauentradition

Segen und Macht gehört zusammen. Durch den Segen wird die Lebenskraft übertragen. Der Segen ist eine Ermächtigung zu einem gelingenden Leben bzw. Durchstehen eines Leidens. Der Segen, der auch mit einer Geste verbunden wird, macht die Nähe Gottes leib- und sinnenhaft erfahrbar. Leiblichkeit und Sinnlichkeit stehen neu im Zentrum. Immer öfter kommen Frauen auf die stärkende und tröstende Zusage durch den Segen zurück. Inzwischen sind viele neue und alte Segensgebete wieder herausgegeben worden.
Frauen geben zunehmend wieder Segen an andere weiter, sie segnen einander oder ihre Angehörigen. Mit dem Segen ist die Gleichgültigkeit durchbrochen. Der Segen übermittelt Vertrauen, Zuspruch und Bekräftigung. Wallfahrten nehmen wieder zu,

sie werden als „Wege zur Kraft“ erfahren, wie eine Ausstellung über Wallfahrten überschrieben war. Die Sehnsucht nach dem Segen ist gewachsen. Oftmals erfahren Menschen auch in der so scheinbar beherrschbaren Welt die Unberechenbarkeit des Lebens und die nicht religiösen Angebote reichen nicht aus, um die Sehnsucht nach mehr Halt zu stillen.
Gesten sind wichtig. Sie lassen den Segen begreifbar und erlebbar werden. Die Berührung ist wichtig, um auch körperlich zu erfahren, dass die Kraft Gottes jeder und jedem gilt. Der Zuspruch gilt persönlich den Einzelnen und soll zeigen, dass der Kraft Gottes geglaubt und vertraut werden kann.

Segen im Islam

Worte sind mächtig, sie schaffen Wirklichkeit. Wie alles andere geht auch das Wort von Gott aus und ist die Quelle aller Aktivität. Das Segenswort bezieht seine Kraft aus der Quelle des Schönen, des Guten, des Glücks. Es deutet auf die Nähe Gottes, auf die Vereinigung mit der göttlichen Macht, denn „Gott ist voller Segen“. Segnen bedeutet also, mittels des Wortes jemandem in jeder Hinsicht das Beste zu wünschen.

Grüßen als Segenswunsch

Auch die menschliche Antwort besitzt große Wirkkraft. Ein ausgesprochenes Wort kann heilen, stärken, verletzen oder schwächen. Die Kraft eines Wortes zeigt sich in den Formen von Segen und Gruß, von Fluch und Befehl. Aus dieser Überzeugung heraus ist im Islam der Gruß, vor allem eine gute Grußformel, sehr wichtig. Der Koran lädt die Gläubigen ein, sich einander mit der „Friedensformel“ zu begrüßen: „Wenn ihr nun Häuser betretet, so grüßt einander mit einem gesegneten, guten Gruß, der von Gott kommt. So macht Gott euch die Zeichen deutlich, auf dass ihr verständig werdet.“ *(Sure 24,61)* Grüßen bedeutet auf arabisch „den Frieden schenken“. Muslime grüßen mit den Worten „Friede sei mit euch“ *(arab.: as-salam 'alaykum)*, worauf mit der Formel geantwortet wird: „und mit euch sei Friede und Gottes Barmherzigkeit und Sein Segen!“ *(arab.: wa 'alaykum as-salam wa rahmatu Llahi wa barakatuhu).* Der in dieser Formel zum Ausdruck gebrachte Friedenswunsch hat eine ganz konkrete Bedeutung: Wenn er ausgetauscht worden ist, verpflichtet er die beiden Partner zum Frieden. Eine weitere Bedeutung hat diese Formel im Zusammenhang mit dem Pflichtgebet (s. Seite 121 ff.). Mit ihr grüßen sich die gemeinsam Betenden am Anfang sowie am Schluss des Gebetes gegenseitig. Selbst wenn jemand allein betet, wird diese Formel ausgesprochen. Die Betenden wenden ihren Kopf erst nach rechts, dann nach links, um die Engel, die sich über ihren Schultern aufhalten und über ihre Taten wachen, mit dieser Formel zu grüßen.

Ein Segen entfaltet seine Wirkung besonders, wenn ihn eine machtvolle Person ausspricht. Es gibt Menschen, denen nach Meinung aller eine besondere Gnade Gottes gegeben ist. Sie sind wie von einer Aura umgeben: sie tragen Segenskraft *(arab.: baraka)*. In diesen Menschen bewirkt Gottes Gnade, dass sie eine tiefe Frömmigkeit, eine herausragende Lebensweisheit und vor allem Segenskraft besitzen. Zu diesen Menschen zählen Heilige, ProphetInnen, Gelehrte und manche HerrscherInnen, aber es können auch Eltern, LehrerInnen oder ältere Menschen in der Verwandtschaft und in der Nachbarschaft sein. Der Glaube an ihre Nähe zu Gott und an ihre Freundschaft *(arab.: wilaya)* mit Gott lässt diese Menschen bedeutsam werden. Sie gelten als Vorbild für die Gläubigen, sie werden vor wichtigen Unternehmungen befragt und auch in Privatangelegenheiten sind sie angesehene Ratgeber. Sie genießen in ihrer Umgebung innige Verehrung und großen Respekt. In der Volksfrömmigkeit ist es sehr verbreitet, diese Menschen für die verschiedensten Anliegen um ihren Segen zu bitten und auf ihre Fürbitte bei Gott zu hoffen. Ihre Segenswünsche sind gleichzeitig auch eine Bestätigung für äußerst wichtige Angelegenheiten, seien es eine zu bestehende Prüfung oder eine Heirat.

Die Begegnung, aber auch körperlicher Kontakt mit ihnen, ihre Segenswünsche, ihre Namen und selbst die Gegenstände, die von ihnen getragen werden (wie Kleidungsstücke), können Quelle besonderer Gnade sein. Durch alle Jahrhunderte hindurch bemühten sich Gläubige, über die TrägerInnen des Segens in engeren Kontakt mit der göttlichen Macht zu kommen und sich deren Segenskraft zu holen. Besuche an Gräbern von Heiligen haben deshalb eine große Bedeutung.

„Wer mich einmal segnet, den wird Gott zehnmal segnen..." Nach einer Überlieferung fordert Muhammad mit diesem Satz Muslime auf, ihn zu segnen. Sie tun es gerne. Auch im Koran wird für Muhammad der Segenswunsch eingesetzt: „Gott und seine Engel sprechen den Segen über den Propheten. O ihr, die ihr glaubt, sprecht den Segen über ihn und grüßt ihn mit gehörigem Gruß" *(Sure 33,56)*. Der Segen über den Propheten ist einer der wichtigsten Bestandteile des Lebens der Gläubigen, die auf Heil und Vergebung ihrer Sünden hoffen und sich der Frömmigkeit widmen: „Ein Heiliger sah im Traum eine abscheuliche Gestalt und fragte: ‚Wer bist du?' Sie ant-

wortete: ‚Deine Missetaten!‘ Er sagte: ‚Und wie kann ich dich loswerden?‘ Sie antwortete: ‚Indem du oftmals den Segen über den Propheten sprichst.‘“ Die Gläubigen sehen im Propheten Muhammad das Urbild und Vorbild der Tugenden, welche die Schönheit und Ausgewogenheit des Alls ausmachen und die die Wege zum aufrichtigen Leben sind. Darum lieben und verehren sie Muhammad und ahmen ihn bis in die kleinsten Einzelheiten seines Alltagslebens nach. Alles, was mit Muhammads Person zusammenhängt, so die Volksfrömmigkeit, ist erfüllt mit Segen: „Dein Nam’ ist schön, du selbst bist schön, Muhammad“ Sein Name, Muhammad, „der des Lobes Würdige“ wird seit Anfang der Geschichte des Islam für Knaben verwendet. Denn in einer Überlieferung wird versprochen, dass jeder, der den Namen des Propheten trägt, ins Paradies kommen wird. Wird der Name von Muhammad genannt, dann spricht man die Segensformel dazu: „Gott segne ihn und gebe ihm Heil“ *(arab.: salla ’Llah ’alayhi wa-s sallam).* Sie drückt einerseits die Dankbarkeit der Gläubigen gegenüber Muhammad aus, andererseits beschreibt sie den Glauben, dass die ständige Wiederholung dieser Formel Muhammad den Gläubigen nahe bringt.
Außer den Menschen selbst können auch Gegenstände, die zur Schöpfung Gottes gehören, Segenskraft besitzen. Wenn auch im Islam der Glaube an die Segensmacht von Menschen angefertigter Gegenstände absolut verboten ist, liebt es die Volksfrömmigkeit doch, verschiedene Gegenstände wegen ihrer Segenskraft zu verehren. Ein Beispiel wäre die Sitte, die Kaaba in Mekka mit einem schwarzen Tuch aus Samt zu verhüllen. Dieses Tuch *(kiswa)*, das jedes Jahr erneuert wird, wird am Ende der Pilgerfahrt in kleine Stücke zerschnitten, die die Pilger wegen ihrer Segenskraft mit nach Hause nehmen. Auch das Wasser des Brunnens Zamzam in Mekka wird am Ende der Wallfahrt mitgenommen. Eine ähnliche Sitte gibt es an den Heiligengräbern. Meist als Dank für die Erfüllung eines Wunsches oder für die Erfüllung verschiedener Anliegen bringen Besucher Tücher oder Decken mit, die auf den „heiligen“ Sarkophag gelegt und für einige Zeit dort gelassen werden. Wenn sie mit genug Segenskraft des Heiligen „gefüllt“ sind, werden sie mit nach Hause genommen, um für „gute Zwecke“ benutzt zu werden. Objekte, an deren Segensmacht geglaubt wird, wie Heiligengräber, die Schwelle eines Heiligtums, der Sarkophag von Heiligen und – am allerwichtigsten – das Koranexemplar, das von der Segensmacht des göttlichen Wortes erfüllt ist, werden berührt oder geküsst. Das Übertragen des Segens durch Berühren oder Küssen ist auch möglich, wenn einem Heiligen oder Mächtigen oder den ehrwürdigen älteren Menschen die rechte Hand geküsst wird.

Segensgedicht erspüren

Ziel: Das Gedicht „wir segnen uns“ (s. Seite 172) vertiefen
Material: Tücher, Blüten oder Duftaromen, Erde, Schälchen für Blüten und Erde, Kopien des Gedichts, meditative Musik
Vorbereitung: Stuhlkreis mit großer Mitte
Zeit: ca. 45 - 60 Minuten
Erster Schritt: Das Gedicht wird langsam vorgelesen.
Zweiter Schritt: Das Gedicht wird erneut langsam vorgelesen, eventuell mit leiser meditativer Musik (ohne Gesang) untermalt. Zu den einzelnen Zeilen entsteht am Boden das Bild des Gedichts. Es ist wichtig, langsam zu lesen, damit das Bild dabei entstehen kann:

- bei Ost, West, Nord und Süd werden Eckpunkte mit Tüchern gelegt (Kreuzform)
- „das rund umhütet“: die Eckpunkte werden durch einen Kreis aus Tüchern verbunden
- „mit dem Kreuzungspunkt“: die Mitte wird mit einem Tuch markiert
- „beladen mit Duft und Staub“: Blüten und Erde werden an die Eckpunkte gestellt

Dritter Schritt: Die Teilnehmerinnen bekommen den Text in die Hand. Sie besprechen in Kleingruppen Verständnisfragen und ihr eigenes Verständnis vom Text.
Die Teilnehmerinnen versuchen, für die letzten Zeilen (brüchige Hoffnung, zerfranste Sehnsucht, entliehene Liebe) Gesten zu finden.
Vierter Schritt: Die Frauen sitzen wieder im Kreis um das Bild am Boden. Jetzt wird dem Gedicht mit Bewegungen und Gesten nachgespürt. Zuerst die einzelnen Bewegungen und Gesten einführen, dann zusammensetzen und am Ende im Zusammenhang mit der Musik lesen und die Gesten und Bewegungen der Gruppe dazu ausführen.

Mögliche Gesten:

- „wir segnen uns“: alle stehen auf, strecken ihre Hand zu einer anderen Frau hin aus
- „Ost, West...“: die Frauen gehen zu den einzelnen Eckpunkten, so dass am Ende an jedem Eckpunkt eine oder mehrere Frauen stehen
- „rund behütet“: alle gehen im Kreis, bis sie wieder an ihrem Ausgangspunkt sind
- „Zeichen für das Ganze“: alle fassen sich an der Hand und bilden einen Kreis
- „aus dem Kreuzungspunkt“: alle treten in die Mitte

- „in alle Richtungen strömt“: alle gehen wieder an ihren Eckpunkt
- „heimholt“: je eine Frau hebt Blüten und Erde auf
- „Duft und Staub“: und stellt sie in der Mitte ab
- „segne dich“: alle strecken wieder ihre Hand aus
- „zärtlich“: führen die Hände zu ihrem Herz
- „unerreichbar“: strecken die Hände abwehrend aus
- „segne dich“: alle strecken wieder ihre Hand aus
- „brüchigen Hoffnung“: alle machen die Gesten, die sie entwickelt haben
- „alles offen“: alle halten offen die Hände vor sich

Die Bedeutung des Segens

Ziel: Verständnis von Segen vertiefen
Material: Segenstexte (s. Seite 172 ff.)
Hinweis für die Leiterinnen: Die Einführungen zum Segen können entweder zusammengefasst vorgetragen oder als Textarbeit und in eigenen Schritten von der Gruppe erarbeitet werden. Wenn es rein christliche oder muslimische Gruppen sind, dann ist es auch möglich, die eigenen Erfahrungen mit der jeweils anderen Segenstradition in Beziehung zu setzen. Dann wäre es gut, die Informationen aus der eigenen Tradition zu kennen.
Wichtig: Erfahrungen und Textarbeit müssen nicht übereinstimmen und Erfahrungen dürfen nicht bewertet werden.
Einstieg: Einführung zum Segen
Erster Schritt: Eigene Erfahrungen von Segen, gesegnet werden oder Segensworten zusammentragen. Je ein Stichwort auf eine Karte schreiben. Die Karten bleiben in der Mitte liegen.
Zweiter Schritt: Lesen/Textarbeit zur Bedeutung von Segen (s. Einführung), jeweils ein Stichwort auf eine Karte schreiben.
Dritter Schritt: Die Stichworte der eigenen Erfahrung werden dem Text zugeordnet. Es wird festgestellt, wo sich Erfahrung und Bedeutung entsprechen oder wo jeweils Unterschiedliches benannt wird.
Vierter Schritt: Gemeinsamer Austausch über die Ergebnisse.
Abschluss: Den Segen (s. Seite 172) mit Gesten und Musik beten.

5.5 Advent – Ramadan

Warum Advent und Ramadan?

Auf den ersten Blick mag es verwundern, dass Ramadan und Advent parallel behandelt werden. Denn dem muslimischen Fastenmonat Ramadan wäre inhaltlich die christliche 40-tägige Fastenzeit gegenüberzustellen. Zwar gilt auch der Advent als Fastenzeit, doch ist diese Bedeutung in den Hintergrund getreten. Bei beiden Festzeiten geht es um die Erwartung der Ankunft des Wortes Gottes in der Welt. Und da in den kommenden Jahren (bis 2002) der muslimische Fastenmonat Ramadan in die Adventszeit fällt, werden hier diese beiden Festzeiten behandelt, denn beide Zeiten prägen das Leben stark durch ihre verschiedenen Traditionen. Beide Zeiten bieten Anknüpfungspunkte für ein Gespräch und für das Kennenlernen der jeweils anderen Tradition. Gerade dadurch, dass Advent und Ramadan zusammenfallen, wird auch deutlich, wie unterschiedlich christliche und muslimische Frauen in Deutschland ihre Traditionen leben. Der Advent prägt das Straßenbild, die Programme in den Medien, das Leben in den Vereinen, Institutionen und Familien. In islamischen Ländern ist dies im Ramadan nicht anders. Umso deutlicher fällt auf, wie schwierig es ist, in einer anderen kulturellen Umgebung an den eigenen Traditionen festzuhalten, ja, sie überhaupt einzuhalten.
Begegnungen und gemeinsame Aktivitäten in dieser Zeit können durch den unterschiedlichen Charakter der Feste leicht zu Missverständnissen führen. Weiß man aber um die Bräuche, Traditionen oder auch Vorschriften, dann bieten sich hier viele Möglichkeiten, die je andere Lebenswelt kennen zu lernen.

Advent

Adventszeit – Einkaufszeit für Weihnachten. Wer kennt nicht die Klage über die Hektik, den Stress, den Konsum – und kann sich dem Treiben doch nicht entziehen? Mit der Adventszeit ändert sich das Aussehen der Straßen, der Läden, der Schaufenster, aber auch ein Stück weit der Wohnungen. Goldglanz, Adventskränze, Nikoläuse, Tannenbäume, Kerzen und rote und grüne Bänder bestimmen das Bild der Schaufenster und auch zunehmend der Werbung, die im Fernsehen ganz spezielle auf diese Zeit in Farben und Symbolen abgestimmte Spots laufen lässt. Dass Advent eine kirchliche Festzeit ist, tritt immer mehr in den Hintergrund. Die Bräuche rund um den Advent und die Vorbereitung auf Weihnachten nehmen in ihrer Symbolik zwar religiöse Elemente auf, ihre Herkunft und ihr Bezug ist aber oft nicht mehr bekannt.

Die Bedeutung der Adventszeit

Der Name Advent kommt aus dem lateinischen adventus = Ankunft. Advent ist die Vorbereitungszeit und damit eigentlich auch Fastenzeit auf die Ankunft, die Geburt Jesu Christi, und die Erwartung seines Kommens in der Endzeit. Viele orthodoxe ChristInnen begehen die Adventszeit als eine vierzigtägige Fastenzeit (Fleisch, Fisch, tierische Produkte, Wein und Öl sind verboten) in der Zeit vom 15. November bis 24. Dezember (bzw. 28. November bis 5. Januar nach julianischer Rechnung). Mit dem ersten Advent beginnt das Kirchenjahr.

Heute wird die Adventszeit in den christlichen Gemeinden durch vier Sonntage gefeiert, die entsprechend der erste, zweite, dritte und vierte Advent heißen. Schritt für Schritt kommt man der Ankunft des Menschensohns näher. Inhaltlich wird in den Lesungen der Gottesdienste aus den Prophetenbüchern des Alten Testaments, besonders aus dem Jesajabuch, vorgetragen. In den Evangelien hört man vor allem die Texte, die sich auf die Zeit vor der Geburt Jesu beziehen. Die Verheißungstexte und die Erwartung spiegeln sich auch in den Kirchenliedern wieder. Beispiele dafür sind alte Kirchenlieder wie „Tauet Himmel den Gerechten“ oder „Macht hoch die Tür, die Tor macht weit“.

Bräuche zur Adventszeit

Die Adventszeit ist stark geprägt von Bräuchen, die unterschiedliche Quellen haben. Die kirchlichen Traditionen der Liturgie und der biblischen Texte sind Basis für den einen Teil, die vorchristlichen Feiern und Zeichen der Wintersonnwende Basis für den anderen Teil des Brauchtums.

Die Farben Grün und Rot

Oft verwendet man die Farben aus Tradition, um die Adventszeit für sich zu gestalten. Doch Grün und Rot, die beiden Hauptfarben der Adventszeit, haben eine tiefe Symbolik.

Grün und Rot sind in der Farbenlehre Komplementärfarben, Farben, die einander ergänzen. Unser Auge ist so eingestellt, dass es die Komplementärfarbe von sich aus ergänzt, wenn sie fehlt, um die Harmonie wieder herzustellen. Schaut man längere

Zeit auf ein rotes Viereck und schließt die Augen, dann sieht man im Nachklang ein grünes Viereck. Das gleiche gilt auch umgekehrt: Betrachtet man lange ein grünes Viereck, sieht man bei geschlossenen Augen ein rotes.
Grün und Rot besitzen eine tiefe Symbolik, die weit über den Advent hinausreicht. Aber gerade deshalb, weil sie so weitreichend sind, spielen sie in der Adventszeit eine herausragende Rolle. Advent – es ist die Zeit der Erwartung des Messias, eine Zeit der Spannung, die auf ein bestimmtes Ereignis wartet – ist von daher auch eine Zeit des Fastens. Welche Symbole spielen im Advent in den Farben eine besondere Rolle?

Grün

Grün symbolisiert Hoffnung. Als Farbe, die mit dem Erwachen der Natur verbunden ist, symbolisiert sie alles Leben. Grün ist die Farbe des Anfangs, des beginnenden, wiedererwachten Lebens. Mit der Farbe kommt die Hoffnung auf Zukunft auf, denn Leben und damit Nahrung entsteht neu. Der grünende Baum wurde zum Symbol der Göttinnen und der Götter, die für die Erhaltung der Welt und allen Lebens zuständig waren. Mit der Vegetation ersteht das Leben neu und auch als Symbol für die Auferstehung der Natur wie der Menschen spielt Grün eine wichtige Rolle.
Verschiedene Bräuche haben sich bis heute erhalten: das Aufstellen eines Maibaumes etwa, der Mai als Marienmonat, der allergrünsten Jungfrau.
Grün ist die Farbe der Hingabe, des Verstehens, der Weitherzigkeit, Gelassenheit, auch der Liebe und Barmherzigkeit. Grün ist wichtig für den Ausgleich der Kräfte, um die Balance aufrechtzuerhalten, die eigene Mitte zu entdecken und die Harmonie wiederzufinden. Grün erfrischt, symbolisiert Friedfertigkeit, aber auch die Erneuerung. Die Symbolik der Farbe findet sich in vielen Redewendungen wieder, z.B.:
- noch grün hinter den Ohren sein,
- ein Grünschnabel sein.

Rot

Rot symbolisiert Energie. Wachstum, Leben, Vitalität werden mit der Farbe Rot verbunden. Rot ist das Feuer, das wärmt, Licht, Kraft und Energie schenkt. Rot drängt nach außen, es hat einen expansiven Charakter. Damit gerät Rot aber auch leicht an eine Grenze. Überschreitet es die Grenze (wie das Feuer), schlägt die Energie in Bedrohliches um. Rot wirkt dann zerstörerisch, ist verbunden mit Aggression, Wut, Ärger oder Gewalt.

Das Rot des Blutes weckt starke Emotionen. Es ist die Lebensfarbe. Das Blut galt als Sitz des Lebens und symbolisiert deshalb auch die Lebensenergie. Vitales Leben, Kampf, Eros, Opfer stecken im verströmenden Blut ebenso wie Hingabe des Lebens und Teilhabe am Leben durch das Opfer. Zu Rot gehört die Leidenschaft, Sinnlichkeit, Erregung. Auch diese Dimension findet sich in Redewendungen wie:
- es geht einer ein Licht auf,
- kochen vor Wut,
- in Liebe entbrannt.

Im Advent halten sich die beiden Farben die Waage, ergänzen einander und sind aufeinander abgestimmt.

Adventskranz
Der Adventskranz entstand etwa im 19. Jahrhundert, zunächst in protestantischen Gegenden. Im 20. Jahrhundert fand er auch Eingang in katholische Gegenden.
Der grüne Adventskranz mit den roten Kerzen und roten Bändern ist die ursprüngliche Form. An jedem der vier Adventssonntage wird eine (weitere) Kerze entzündet, die Welt wird immer ein Stück heller. Im Adventskranz verbindet sich die kirchliche Zeit der Erwartung mit der sehnsüchtigen Erwartung des Frühlings im Winter auf die Wintersonnwende hin.
Grünes Gebinde als Zeichen der Hoffnung auf Erneuerung des Lebens, gewunden zum Kranz, dem Symbol der Unendlichkeit. Verbunden mit den roten Kerzen wird die Hoffnung drängend, das Leben entsteht neu und bringt neue Wärme und neues Licht in die Welt. Leben und Energie, nach vorne zu schauen, weiterzugehen, Neues zu erwarten – die Ungeduld drückt sich aus, die in dem Anzünden je einer Kerze an jedem Sonntag mehr den nahenden Umbruch signalisiert. Advent, das ist nicht nur das Warten auf neues Leben in der Natur, es ist die Erwartung einer neuen Energie, des Messias, der die Welt erlösen wird, sie in einen neuen Zustand führen wird.

Nikolaus
In die Zeit des Advent gehört der Nikolaustag am 6. Dezember. Er geht auf das Fest des heiligen Nikolaus, dem Bischof von Myra (das heutige Demre an der Südküste der Türkei) aus dem 4. Jahrhundert, zurück. In den Bräuchen um den Nikolaustag mischen sich die Traditionen. In den Legenden wird Nikolaus große Freigiebigkeit

und Errettung vor Hungersnot nachgesagt. In manchen Gegenden verschmolzen sie mit Bräuchen, um die Winterszeit zu vertreiben (z.B. die Figur des Knecht Ruprecht, der mit Nikolaus in Zusammenhang gebracht wird).

Weihnachtsbäckerei

In der Adventszeit werden traditionell Plätzchen und Stollen gebacken. In vielen Gegenden gibt es spezielles Weihnachtsgebäck. Die Lebkuchen (= Flachkuchen) ahmten die Hostien nach, womit das Gebäck auf das himmlische Brot hinweisen soll. Besondere Verzierungen oder Bilder wurden auf die Lebkuchen aufgeprägt, daher die Namen Printen oder Spekulatius.

Weihnachtsbaum

Die Aufstellung eines geschmückten Weihnachtsbaums mit Lichtern, was in Geschäften und Orten schon in der Adventszeit geschieht, hat als Symbolik den Hinweis auf Christus, der das Licht in die Welt bringt. Der grüne Baum (als Nadelbaum) symbolisiert das ewige Leben. Glaskugeln sind Sinnbild für die Zerbrechlichkeit und Schönheit. Der Brauch stammt aus dem Elsass und begann Anfang des 17. Jahrhunderts.

Adventskalender

Der Adventskalender wurde vor ca. 100 Jahren erstmals von einer Frau für ihren Sohn erfunden, um ihm eine Anschauung auf seine ungeduldige Frage, wann denn Weihnachten sei, zu geben. Der Sohn ließ später die ersten Adventskalender drucken. Vom ersten Dezember an wird für jeden Tag eine Tür des Fensterbildes geöffnet, bis am 24. Dezember Weihnachten erreicht ist. Hinter jeder Tür verbirgt sich ein Bild, heute oft mit einer Süßigkeit gefüllt.

Ramadan

Gefastet wird im Monat Ramadan, dem 9. Monat des Kalenderjahres. Da der islamische Kalender nach dem Mondjahr gerechnet wird, verschiebt sich der Ramadan in jedem Jahr um einige Tage. Er wandert sozusagen rückwärts durch das Jahr. In den nächsten Jahren liegt der Ramadan parallel zum Advent.

Im Monat Ramadan zu fasten gehört zu den fünf „Säulen", den notwendigen Pflichten, im Islam. Vom Sonnenaufgang bis zum Sonnenuntergang ist es verboten zu essen oder zu trinken, zu rauchen oder Geschlechtsverkehr zu haben.

Während der Fastenzeit sollte man besonders bemüht sein, den religiösen Pflichten nachzukommen. Viele besuchen häufig die Moschee, Almosen werden verteilt und auch sonst versucht man, möglichst Konflikte zu vermeiden oder alte Konflikte zu bereinigen. Es ist eine Zeit der Rückbesinnung auf wesentliche religiöse Werte.

Für Menschen, die das Fasten nicht einhalten können, gibt es Ausnahmeregelungen. Kranke, Schwache, Schwangere und Reisende sind beispielsweise von der Pflicht befreit. Auch wer schwere körperliche Arbeit verrichtet, braucht das Fasten nicht einzuhalten. „Isst einer aus Versehen", sagt die Tradition, „so darf er das Fasten fortsetzen, denn Gott selbst hat ihn essen lassen".[26]

Eine besondere Bedeutung kommt der letzten Nacht des Ramadans zu, der „Nacht der Bestimmung" *(lailat al-qadr)*. Sie gilt als die Nacht, in der der Koran herabgesandt wurde. Sure 97 ist mit diesem Namen überschrieben und beschreibt diese Nacht:

„Im Namen Gottes, des Erbarmers, des Barmherzigen. Wir haben ihn (den Koran) in der Nacht der Bestimmung hinabgesandt. Woher sollst du wissen, was die Nacht der Bestimmung ist? Die Nacht der Bestimmung ist besser als tausend Monate. Die Engel und der Geist kommen in ihr mit der Erlaubnis ihres Herrn herab mit jedem Anliegen. Voller Frieden ist sie bis zum Aufgang der Morgenröte". *(Sure 97)* Diese letzte Nacht verbringen Menschen oft wachend in der Moschee, wo Gebete und der Koran rezitiert werden. Sie ist das Ende des Ramadan, wo die erwartete Herabsendung des Wortes Gottes gefeiert wird. Deshalb wird sie die heilige Nacht genannt, die Nacht, in der daran erinnert wird, dass das Wort Gottes auf die Erde herabgesandt wurde.

Der Abschluss des Fastenmonats wird mit einem eigenen Fest, dem Fest des Fastenbrechens begangen. Das arabische Wort für das Fest heißt *Id al-Fitr*. Dieses Fest zieht sich oft über mehrere Tage hin. Man kleidet sich gut, besucht sich und schickt oder überbringt sich gegenseitig Glückwünsche. Ein Friedhofsbesuch gehört oft ebenfalls dazu. Kinder werden beschenkt und auch Spenden sollten gegeben werden.

Türkische Muslime nennen das Fest des Fastenbrechens *„şeker bayramı"*, d.h. Zuckerfest. Zucker heißt auf türkisch „Şeker" (ausgesprochen scheker) – der Name spielt auch auf die Süßigkeiten an, die zum Fest gebacken werden. Es könnte sich aber auch um eine Ableitung aus dem Arabischen *„schukr"*, Dank, handeln. Das

„şeker bayramı" wäre dann das Dankesfest für die bestandene Bewährungsprobe der Fastenzeit.
In islamisch geprägten Gesellschaften wird der Ramadan gemeinschaftlich begangen. Alle sind darauf eingestellt, dass tagsüber nicht viel geschieht, besonders in den heißen Monaten, wo auch die Tage länger sind. Behörden haben nur verkürzte Öffnungszeiten, Geschäfte sind tagsüber oft geschlossen und in den Medien wird ausführlich über den Ramadan berichtet. Es wird dann oft nur das Essen bereit gestellt und sobald die Dämmerung die vorgeschriebene Dunkelheit erreicht hat, wird gegessen. Dazu lädt man sich gegenseitig ein. Die Gemeinschaft wird im Ramadan besonders gepflegt. Eigene Speisen prägen die Fastenzeit. Früher wurde dieser Zeitpunkt durch eine Kanone bekannt gegeben, heute geschieht das über Fernsehen und Radio. Doch findet man auch Orte, die trotz der modernen Medien die Tradition immer noch pflegen. Nachts gibt es dann vielfach Schattentheater und andere Ablenkungen. Nach altem Brauch geht kurz vor Anbruch der Morgendämmerung ein Ramadantrommler durch die Straßen und weckt zum letzten Essen. Der Ruf heißt „Wach auf, Schlafender, sag, dass Gott der Einzige ist."
Mit dem Einzug moderner Produktionsmethoden und der weltweiten Vernetzung wird es jedoch immer schwieriger, den Ramadan als gemeinsam begangener Monat zu feiern.

Bräuche kennen lernen

Ziel: Bräuche zu Advent und Ramadan kennen lernen
Material: Kleine Zettel, Stifte; den Raum entsprechend schmücken
Erster Schritt: Jede schreibt auf, was sie an Bräuchen in der Zeit des Ramadan oder des Advent pflegt. Jeder Brauch wird auf einen eigenen Zettel geschrieben.
Zweiter Schritt: Die Zettel werden in die Mitte gelegt, doppelte Zettel werden aussortiert. Jede wählt dann einen ihr unbekannten Brauch, der gemeinsam besprochen wird.
Abschluss: Ein Lied/Text aus der jeweiligen Festtradition.

Grußkarten als Zugang zu Advent und Ramadan

Ziel: Hintergründe und Traditionen der Bräuche zu Advent und Ramadan kennen lernen
Material: Grußkarten zu Advent (oder auch Weihnachten) und Ramadan
Vorbereitung: Die Frauen werden gebeten, je eine Karte mitzubringen, mit der sie Weihnachts- oder Adventsgrüße und Ramadangrüße verschickt.
Erster Schritt: Die Karten werden in die Mitte gelegt und gemeinsam betrachtet.
Zweiter Schritt: Jede stellt ihre Karte vor und erzählt, warum sie sie ausgewählt hat und welche Traditionen sich dahinter verbergen.
Abschluss: Ein Lied/Text aus der jeweiligen Festtradition.

Grußkarten gestalten

Ziel: Einander durch gemeinsames Basteln besser kennen lernen und mehr über die beiden Feste erfahren
Hinweis für die Leiterinnen: Vorlagen zu Bastelanleitungen finden sie in Bastelbüchern. Für Grußkarten zum Ramadanfest ist es gut, Blumen- oder abstrakte Motive zu verwenden, um so das Bilderverbot zu achten, das im Islam gilt. Im Folgenden nun ein Vorschlag, wie der Text für eine Grußkarte lauten könnte: „Wir wünschen Ihnen und Ihrer Familie zum Ramadan-Fest alles Gute. Möge dieses Fest allen Menschen Frieden und Gerechtigkeit bringen."

Ramadankalender gestalten

Ziel: Sich bei gemeinsamem Tun über Hintergründe und Traditionen der Bräuche zum Ramadan austauschen
Hinweis für die Leiterinnen: Viele Anleitungen zum Adventskalender lassen sich auf den Ramadankalender übertragen. Ein Ramadankalender muss 30 Türchen, Säckchen oder Ähnliches haben, das 27. sollte dabei das größte sein, denn es markiert die „Nacht der Bestimmung".

Miteinander Typisches kochen/backen

Ziel: Einander durch gemeinsames Kochen/Backen besser kennen lernen und sich mit den einzelnen Bräuchen bekannt machen.
Hinweis für die Leiterinnen: Gemeinsam kochen oder backen kann sehr verbindend sein. Je nach Größe der Gruppe sollte entschieden werden, wo das getan werden kann. Vielleicht kann man sich zuhause bei einigen Frauen treffen, dann müsste besprochen werden, wie viel Platz vorhanden ist. Bei Platzmangel besteht die Möglichkeit, die Gruppe aufzuteilen. Wenn es in einem Zentrum die Möglichkeit gibt, kann man gemeinsam besprechen, was zusammen gekocht oder gebacken werden soll. Klären Sie auch ab, wovon die Materialien bezahlt werden könnten.
Alternativ: Jede bringt von zuhause etwas mit, was sie gebacken/gekocht hat. Gemeinsam wird daraus ein Buffet aufgebaut, verbunden mit einem gemütlichen Treffen. Nach Absprache könnte jede Teilnehmerin etwas von ihrer Advents- oder Ramadantradition bei der Feier einbringen.

Einander einladen zu Ramadan/Advent

Hinweise für die Leiterinnen: Da in den nächsten Jahren Advent und Ramadan teilweise parallel im Dezember gefeiert werden, ist dies eine gute Gelegenheit, einander zu den entsprechenden Festen einzuladen. Dabei sollte nicht eine extra Feier gestaltet werden, sondern die übliche Feier muslimischen oder christlichen Gästen geöffnet werden. Dies kann die Möglichkeit geben, etwas über die andere Tradition zu erfahren, ins Gespräch zu kommen und sich so besser kennen zu lernen.
Die Einladung sollte zuvor gut abgesprochen werden: mit der eigenen Gruppe wie auch mit den eingeladenen Gästen. Es wäre wichtig, im Vorfeld schon zu klären, ob so eine Einladung überhaupt angenommen werden kann.
Folgende *Hinweise* zu einer Einladung, die Missverständnisse vermeiden wollen, stammen aus einem gemeinsamen Projekt christlicher und muslimischer Gemeinden in Hamburg:[27]

Muslime/innen laden Christen/innen zum Iftar (abendliches Fest des Fastenbrechens) ein:
Bei der Einladung von Christen/innen wäre es gut, vorher auf Folgendes aufmerksam zu machen:
- Kinder sind in allen Moscheen willkommen und sie müssen auch nicht besonders leise, brav oder ehrfürchtig sein. Muslimische Kinder sind auch ganz normale Kinder und Kinder sind eben Kinder.
- Moscheen werden nicht mit Schuhen betreten. Bitte warme Socken anziehen.
- Muslime/innen beten gleich nach dem Iftar das Abendgebet. Erklären Sie den Gästen vorher das Gebet, so dass sie die Gelegenheit haben, auch still für sich ein Gebet zu sprechen, wenn sie das möchten, und sie sich nicht ratlos fragen, warum ihnen alle auf einmal den Rücken zukehren.

Hinweise zur Vorbereitung:
- Vielleicht können auch ein paar Stühle oder Sitzgelegenheiten für ältere Menschen bereit gehalten werden, denen es oft schwer fällt, auf dem Boden zu sitzen.
- Bitte erinnern Sie daran, dass eine Kopfbedeckung für Christinnen nicht Pflicht ist. Falls einige Frauen aus Höflichkeit ein Kopftuch tragen, ist das sicher eine schöne Geste. Und wenn einige christliche Frauen kein Kopftuch tragen, dann ist das auch in Ordnung und sollte respektiert werden.

Christen/innen laden Muslime/innen zum Advent ein:
Hinweise für die Einladung:
- Muslime trinken keinen Alkohol. Das gilt auch für Pralinen mit Alkohol u.ä.
- Viele Männer geben Frauen bei der Begrüßung nicht die Hand. Das ist keine Missachtung, sondern im Gegenteil ein Beweis des Respektes.
- Da das Fastengebot im Ramadan bis Sonnenuntergang gilt, können gemeinsame Feiern erst ab dem späten Nachmittag oder am Abend beginnen. Die Uhrzeit sollte abgesprochen werden.

5.6 Religiöse Bedeutung der Kleidung

Die Bedeutung der Kleidung im Islam

„Gott ist schön und liebt alles Schöne."
Diese Aussage, die Muhammad zugeschrieben wird, wird heute noch – wie auch in den mittelalterlichen Quellen – häufig zitiert. Sie wirkt als Grundsatz des Islam sowohl auf intellektueller Ebene wie auch in der Volksfrömmigkeit.
Das Schöne für die Welt ist wie Salz für die Speise. Das Schöne impliziert gewissermaßen die Würze, die das Gute mit dem Genuss verbinden kann. Der Koran ist voller Hinweise auf die Schönheit der Welt, die die Gläubigen zur Betrachtung des Universums auffordert, um darin die Zeichen Gottes zu erkennen. Als Gott die Menschen nach seinem Bild schuf, schickte Er die Sehnsucht nach Schönheit in die Welt. Gott ist die Schönheit, die der Mensch wie eine verborgene Perle in sich birgt.
Was Gott geschaffen hat, ist per se gut und schön; die Menschen sind aufgefordert, dies – unter Beachtung ethischer Gebote – zu genießen. In seiner Schöpfung hat Gott „Schmuck" für die Menschen vorgesehen. Ausschmückung und Zierrat sind nicht überflüssige und unnatürliche Zusätze. Sie sind Teile des Schönen, der Schöpfung Gottes. Die Menschen sollen sich nicht nur an ihr erfreuen, sondern sie dürfen sich auch selbst zu seiner Freude schmücken, aber ohne Übertreibung und ohne Hochmut! So heißt es: „O Kinder Adams, legt euren Schmuck bei jeder Moschee an, und esst und trinkt, aber seid nicht maßlos. Er liebt ja die Maßlosen nicht. Sprich: Wer hat denn den Schmuck verboten, den Gott für seine Diener hervorgebracht hat, und auch die köstlichen Dinge des Unterhalts? Sprich: Sie sind im diesseitigen Leben für die bestimmt, die glauben und am Tag der Auferstehung (ihnen) besonders vorbehalten." *(Sure 7,31-32)* Nach einer Überlieferung bestätigt Muhammad diese koranische Aussage, die zur Bescheidenheit in der Ausstattung mahnt: „(...) kleide dich, wie es dir gefällt! Aber hüte dich dabei vor zweierlei: Vor der Maßlosigkeit und vor der Eitelkeit!"

Kleider, die verschönern, aber auch das Schöne bedecken
Das Gewand wird als einer der wichtigsten Gegenstände unter den von Menschen hergestellten Gebrauchsgütern (einschließlich der Kopfbedeckung) eingeschätzt. Die verschiedenen Funktionen der Gewänder, wie der Schutz vor Kälte oder Hitze

oder vor dem bösen Blick, aber auch die Möglichkeit der sozialen Differenzierung, lassen sich ebenfalls bei der Entwicklung einer Kleiderordnung in der islamischen Geschichte beobachten. Die Hauptregel dieser Kleiderordnung entwickelte sich im Kontrast zur Entkleidung, nämlich als Bedeckung und Verhüllung. Doch gab es bei der Islamisierung keine einheitliche Kleidung. Einerseits beeinflusste die islamische Vorstellung die lokalen Gewohnheiten. Andererseits wirkten auch die Moden der jeweiligen Regionen auf die Kleiderordnung zurück.

Wie diese Verse zu der Bekleidung der Frauen auszulegen sind, welche Körperteile sie zu bedecken haben oder wie sie „ihren Schmuck“, also wohl ihre körperlichen Reize verhüllen sollen, entwickelte sich zu einem „Problemthema“. Bis heute wird die Auslegung mit der Frage nach der Stellung der Frauen und ihren Rechten in der Gesellschaft verbunden.

Eine Auslegung dieser Verse stammt aus der Frühzeit der arabisch-islamischen Geschichte in Medina. Sie hängt mit der dortigen politischen Situation zusammen und führte damals zu der heute als „typisch islamisch“ angesehenen Verschleierung der Frauen. „Der Schleier“ wurde zum Ausdruck männlicher Repression. Dabei darf nicht vergessen werden, dass „Schleier“ in diesem Zusammenhang viel bezeichnen kann: vom kleinen Kopftuch bis zur Verhüllung des ganzen Körpers. Werden die Frauen durch Vorschriften zwangsweise verschleiert, so steht es meist nicht zu ihrem Besten, aber auch nicht zum Besten um Staat und Gesellschaft. Oft sind sie dann aus dem öffentlichen Leben völlig ausgesperrt bzw. ihre Unterwerfung und ihre permanente Überwachung werden gesetzlich geregelt. Es wird dann meist der Versuch unternommen, den Einfluss der Frauen zurückzudrängen. Unter diesem Vorzeichen symbolisiert der Schleier für manche Frauen Unterdrückung, Unsicherheit und Rückständigkeit.

Doch zeigt die Geschichte, dass diese Bedeutung von den Gegebenheiten abhängt. Je nach politischer Situation kann es Opposition oder Fortschritt heißen, wenn Frauen sich verschleiern. Manche sehen im Verzicht auf den Schleier Toleranz, Selbstbewusstsein und Modernität. Andere Frauen sehen aber eine Einschränkung ihrer Freiheit, wenn das Tragen eines Kopftuches verboten oder abgelehnt wird.

Eine einheitliche Meinung zum Schleier in seiner vielfältigen Form gibt es unter islamischen Frauen nicht. Für nicht wenige Frauen ist er ein Zeichen ihrer Identität, ihrer Freiheit und ihres Glaubens und gewährt ihnen Schutz gegen mögliche Belästigungen von Männern. Für viele Frauen gehört das Tuch selbstverständlich zu ihrer

Kleidung dazu, aus religiösen oder auch traditionellen Gründen. Auch fühlen sich heute Frauen abgestoßen von der Vorgabe westlicher Schönheitsideale, die oft genug Frauen als Sexobjekt darstellen. Die Verhüllung ist eine Möglichkeit, sich zu schützen und den Körper den Blicken der Umgebung zu entziehen. Damit ist auch eine Grenze zwischen dem privaten und dem öffentlichen Bereich geschaffen. Und schließlich argumentieren viele, dass durch eine Verhüllung der Unterschied zwischen Armut und Reichtum nicht öffentlich wird und ärmere Frauen nicht auch noch mit der Kleidung in Konkurrenz zu anderen Frauen treten müssen.
Der Schleier hat aber auch viel mit der jeweiligen Mode zu tun. Er kann als Zeichen der Vornehmheit dienen oder einfach nur Mode hochgestellter Persönlichkeiten sein. In persischer Zeit vor der arabischen Eroberung war es beispielsweise einfachen Frauen verboten, einen Schleier zu tragen. Um so begehrter war es, einen Schleier tragen zu können. Zudem darf nicht vergessen werden, dass in vielen südlichen Ländern eine Kopfbedeckung normalerweise zur Kleidung gehört oder auch Teil der landesüblichen Tracht ist. Aus diesem Grund tragen auch viele Frauen einen Schleier oder ein Kopftuch, ohne dass sie dem Islam angehören. Der Begriff des Schleiers *(hidschab)* wurde durch die vielen Bedeutungsebenen zu einem Schlüsselwort der islamischen Zivilisation. Doch der Schleier oder das Kopftuch ist mehr als ein Stückchen Stoff. Er umfasst viele Dimensionen – auch in religiöser Hinsicht.

Gewänder und Kopfbedeckung in der Frömmigkeit
Die Gläubigen werden im Koran aufgefordert, die wichtigsten Teile ihrer Körper zu bedecken; für Männer gilt das für den Körperteil zwischen Nabel und Knie, für Frauen gilt die Empfehlung für den ganzen Körper. Allerdings gibt es hierzu die verschiedensten Interpretationen. Im Koran gibt es einige Hinweise auf die Bekleidung, die vor allem direkt Stellung zu Fragen der Garderobe der Frauen nehmen: „O Prophet, sag deinen Gattinnen und deinen Töchtern und den Frauen der Gläubigen, sie sollen etwas von ihrem Überwurf über sich herunterziehen. Das bewirkt eher, dass sie nicht belästigt werden.“ *(Sure 33,59)*; und noch deutlicher: „Sprich zu den gläubigen Männern, sie sollen ihre Blicke senken und ihre Scham bewahren ... Und sprich zu den gläubigen Frauen, sie sollen ihre Blicke senken und ihre Scham bewahren, ihren Schmuck[28] nicht offen zeigen, mit Ausnahme dessen, was sonst sichtbar ist. Sie sollen ihren Schleier auf den Kleiderausschnitt schlagen und ihren Schmuck nicht offen zeigen...“ *(Sure 24,30-31).*

Eine Erklärung für diese Auffassung ist die, dass der menschliche Körper Segensmacht in sich trägt. Besonders der Kopf gilt in der islamischen Tradition als machterfüllt, denn dort wird die Wahl zwischen dem Wahren und dem Falschen getroffen. Der stärkste mit Macht geladene Teil des Kopfes ist das Haar. Eine Kopfbedeckung hilft, so die Tradition, böse Mächte auszutreiben und das Haar vor ihnen zu schützen. Frauen und Männer sollten ihr Haupt bedecken, wenn sie beten und wenn sie heilige Stätten betreten.

Gerade die Kopfbedeckung spielt im Islam eine wichtige Rolle, besonders in der Hinsicht, dass sie die Stellung des Menschen anzeigt. Bei Gelehrten war der Turban sehr wichtig, „seinen Turban zu vergrößern" bedeutete „sich rühmen, sich zur Schau stellen". Jemandem eine Kopfbedeckung aufzusetzen, bedeutet ihn zu ehren. Alle Propheten und Engel sind in den Miniaturen mit einem Turban abgebildet.

Die Pilgerfahrt nach Mekka setzt eine bestimmte Kleidung *(ihram)* voraus. Dieses Kleid dient vor allem dazu, die Pilgerinnen von gewöhnlichen Gläubigen zu unterscheiden. Es zwingt sie auch, eine Reihe von Tabus zu beachten; sie müssen den Geschlechtsverkehr und das Schneiden von Haaren und Nägeln vermeiden. Wer sich dieses Kleid anlegt, legt die Alltagswelt ab, und steht sozusagen „nackt" vor Gott.

„Sie (Frauen) sind eine Bekleidung für euch, und ihr (Männer) seid eine Bekleidung für sie..." *(Sure 2,187)*. Diesem koranischen Wort liegt der Gedanke zugrunde, dass das Gewand das andere „Ich" des Menschen ist. Frau und Mann sind sozusagen füreinander das andere „Ich". *Ibn Schrins* Auslegung erklärt dies folgendermaßen: Wenn jemand von einem Schleier oder Überwurf einer Frau träumt, so ist mit diesem „jemand" ihr Ehemann gemeint.[29]

Sobald das Gewand gewechselt wird, ändert sich die Rolle. Wenn jemand ein liturgisches Gewand, Arbeitskleidung, eine Uniform oder eine akademische Robe angelegt hat, verhält er sich nicht mehr als Privatperson, sondern agiert im Rahmen des Bereichs, aus dem die Kleidung stammt.

Gewänder können heilen; der Koran spricht von „Josefs Hemd", welches Josefs blinden Vater Jakob heilte: „Als nun der Freudenbote kam, legte er (Jakob) es auf sein Gesicht, und er konnte wieder sehen." *(Sure 12,96)*.

Gewänder können schützen; Gläubige vertrauen darauf, dass ein Talisman-Hemd, welches von vierzig Jungfrauen gewebt und mit den Inschriften aus dem Koran bedeckt ist, vor dem „bösen Blick" schützt. In manchen Gegenden werden kleine Jungen, die als anfälliger für irgendwelche Gefahren als Mädchen gehalten werden, in

Mädchenkleider gesteckt, um sie vor dem bösen Blick oder vor bösen Mächten zu schützen.
In der Volksfrömmigkeit ist das Gewand eine beliebte Metapher: Eine Person, die zum Islam übertritt, „zieht das Ehrengewand des Islam an". Die höchste Stellung, die die Gläubigen sich vorstellen können, ist mit dem „Gewand der absoluten Wahrheit" verbunden, das auf dem Gottesnamen „die absolute Wahrheit" basiert. Der Koran spricht von dem „Gewand der Frömmigkeit" *(Sure 7,26)*, das als Paradiesbekleidung für die Paradiesbewohner bestimmt ist.
Wenn jemand ein neues Kleid anzieht, ist das Beten üblich, damit Gott vor allem Übel, das mit Kleidern verbunden sein könnte, schützt: „O Gott, Lob sei Dir, der Du mich hiermit bekleidet hast. Ich bitte Dich um das Gute, das darin liegt, und das Gute, wofür es geschaffen wurde, und ich nehme Zuflucht bei Dir vor dem Übel, das darin liegt und dem Übel, für das es geschaffen wurde."[30]

Die Bedeutung der Kleidung im Christentum

Kleidung sagt auf vielfältige Weise etwas über die Person aus, die sie trägt. Das gilt nicht nur im privaten (s. auch Kap. 3), sondern auch im öffentlichen Bereich. Auch im Christentum entwickelte sich aus einer bestimmten Kleidung eine symbolträchtige Bedeutung, jedoch stärker hinsichtlich der Liturgie als hinsichtlich des Alltags. Unterschiedliche Funktionen, die jemand innerhalb des Gottesdienstes oder auch der Gemeinde einnimmt, werden durch eine bestimmte Kleidung angezeigt. Aber auch bei religiösen Festen/Ereignissen gehören bestimmte Kleider als Symbol dazu.

Kleidung für besondere religiöse Funktionen

Im christlichen Gottesdienst heben sich diejenigen, die einen liturgischen Dienst durchführen, durch besondere Gewänder ab. Die Gewänder der Gottesdienste stammen in ihrem Grundbestand noch aus der römischen Zeit und haben sich hierin besonders in der katholischen und orthodoxen Tradition erhalten. Diese Gewänder signalisieren das Amt, das diejenigen, die liturgisch tätig sind, ausüben. Diakone, Priester, Pastoren, Bischöfe und Ministranten/innen, sie alle unterscheiden sich durch ihre Kleidung.
Durch die lange Tradition, die Frauen aus diesen Funktionen ausschloss, gewann diese Kleidung auch einen geschlechts- und machtspezifischen Charakter. Dies

wurde offenbar, als in der evangelischen Kirche Frauen auch Pastorinnen werden konnten. Es entbrannte eine harte Auseinandersetzung um die Frage, was sie bei liturgischen Handlungen tragen sollten. Statt des üblichen schwarzen Talars wurde ein schwarzes Kleid oder Kostüm vorgeschrieben und der Talar eigens für Frauen verboten. Selbst das Kreuz als Kennzeichen wurde von den männlichen Kollegen als Provokation empfunden.
Mit der Kleiderfrage wurde den Frauen zunächst nur eine untergeordnete Rolle zugeteilt. Erst viel später gelang es ihnen, den Talar tragen zu dürfen und damit ihre Gleichwertigkeit zu signalisieren.
Die Kleidung der Ordensleute weist auf ihren besonderen religiösen Stand hin und auf ihre Zugehörigkeit zu dem jeweiligen Orden. Der Eintritt in einen Orden und das Versprechen, sich ganz dem klösterlichen Leben zu widmen, wird in einer Feier begangen, die „Einkleidung" heißt, weil hier das besondere Gewand überreicht wird, das die Nonne kennzeichnet.

Kleidung bei bestimmten religiösen Festen
Wenn Kinder zur Taufe gebracht werden, haben die Täuflinge meist weiße Kleidung an bzw. ein weißes Gewand wird bei der Taufe symbolisch übergelegt. Dieses Taufkleid zeigt an, dass die Taufe das wichtigste religiöse Fest eines/einer Gläubigen ist. Durch sie wird man in die Gemeinschaft der Christinnen und Christen aufgenommen. Durch die Taufe wird die Trennung des Menschen von Gott durch den Nachlass aller Schuld aufgehoben. Wer getauft ist, wird zum Kind Gottes und hat Anteil an der Erlösung Christi. Vor diesem Hintergrund lässt sich die Rede von der Taufe als „Neuschöpfung des Menschen" verstehen. Im Brief an die Galater sagt der Apostel Paulus: *„Denn ihr alle, die ihr auf Christus getauft seid, habt Christus als Gewand angelegt." (Gal 3,27).* Um dies zum Ausdruck zu bringen, zogen die Getauften nach dem Untertauchen oder Übergießen mit Wasser ein weißes Kleid an. Seit dem 4. Jh. ist dieser Brauch bezeugt. In den ersten Jahrhunderten gab es nur die Erwachsenentaufe, die Kindertaufe entwickelte sich erst später und auch da blieb der Brauch erhalten.
Weitere Schritte zum Erwachsenwerden im Glauben sind die katholischen Feste der Kommunion und Firmung sowie das protestantische Fest der Konfirmation. Den Festen gehen Zeiten der vertieften Einführung in den Glauben voraus. Bei dem Fest der Kommunion tragen die Mädchen meist ein weißes Kleid, bei der Konfirmation dagegen hat sich dunkle, elegante Kleidung durchgesetzt.

Bei Beerdigungen gehen die Trauernden in dunkler Kleidung. Schwarze Kleidung auch über die Beerdigung hinaus war besonders für Frauen, die einen Trauerfall in der Familie zu beklagen hatten, Vorschrift bzw. selbstverständlicher Ausdruck der Trauer. Oft trugen Frauen ein ganzes Jahr lang Trauer, vor allem, wenn sie sehr nahe Angehörige verloren haben. Diese Trauerkleidung wird teilweise noch heute getragen.

Schleier/Kopfbedeckung für Frauen im Gottesdienst?

Zwei Strömungen lassen sich in den christlichen Traditionen feststellen. So sehen die einen in Schmuck und Schönheit eine Ehre Gottes. Besonders zeigt sich dies in der Tradition des Sonntagskleides. Die Tradition des Sonntagskleides war nicht nur eine gesellschaftliche, sondern auch eine religiöse Angelegenheit, da der Sonntag ohne Kirchgang früher nicht denkbar war. Zum Kirchgang wurde, zur Ehre Gottes, das beste Kleid angezogen. Schmuck zur Feier Gottes, Schönheit als Geschenk Gottes – dass für Gott nur das Edelste in Frage kommt, diese Einstellung wirkte sich nicht nur auf die Ausstattung der Kirchen mit Gold und Silber aus, sondern auch auf das, was die Gläubigen im Gottesdienst trugen.

Eine andere Strömung, die hauptsächlich in der protestantischen Tradition verankert ist, legte mehr Wert auf Einfachheit, ausgehend von 1 Timotheus 2,9-10: „Auch sollen die Frauen sich anständig, bescheiden und zurückhaltend kleiden; nicht Haartracht, Gold, Perlen oder kostbare Kleider seien ihr Schmuck, sondern gute Werke, so gehört es sich für Frauen, die gottesfürchtig sein wollen." Aufwendige und schicke Kleidung wird als Äußerlichkeit, die nur Lug und Trug ist, abgetan, Schmuck als Eitelkeit abgelehnt. Perlen im Gottesdienst zu tragen ist danach verpönt. Diese Einstellung zeigt auch auf die Kleidung im Alltag Wirkung. Denn das ganze Leben wird als Gottesdienst verstanden. Eine Abwertung von Schmuck und Schönheit gilt dann folgerichtig auch im Alltag. Eine zurückhaltende Kleidung, bestenfalls von schlichter Eleganz, gilt als Ausweis einer gottesfürchtigen Frau. Diese Einstellung hat sich mittlerweile stark verändert, aber viele Frauen haben dies noch selbst miterlebt und wurden von ihr geprägt.

Die Frage, ob Christen und besonders Christinnen auch in ihrer Kleidung im Gottesdienst wie im Alltag etwas zu beachten hätten, wird schon im Neuen Testament aufgeworfen. Besonders ein Text des Apostel Paulus wurde in letzter Zeit vielfach von Frauen untersucht. Denn im 1. Brief an die Korinther *(1 Kor 11,2-16)* spielt diese Frage eine Rolle und hatte eine lange Wirkungsgeschichte für Frauen. Wichtig ist an diesem Text, dass zur Zeit des Paulus Frauen in der korinthischen Gemeinde im Gottesdienst beteten und prophezeiten, also die damals zentralen liturgischen Dienste ausführten. Doch umstritten bleibt, was Paulus eigentlich meint, wenn er die Verhüllung der Frauen anordnen will und dies mit der Schöpfung begründet. Oft wird daraus gefolgert, dass Paulus einen Schleier für die Frauen vorschreiben wolle, was dann eindeutig bewiese, dass die Frauen keinen Schleier getragen haben. Eine andere Interpretation legt aber nahe, dass Paulus mit „Verhüllung", die er fordert, das lange Haar der Frauen meint, das sie als Frauen ausweist und das als Schmuck der Frauen verstanden wurde. Möglicherweise geht es darum, dass Frauen in Korinth die neue Gleichheit in Christus, wie Paulus sie im Galaterbrief niederlegte (*Gal 3,28*) auch symbolisch dadurch unterstreichen wollten, dass sie sich das Haar wie Männer kurz schnitten. Sie machten damit augenfällig, dass sie die Unterscheidung nach Geschlechtern in Christus überwunden sahen.[31] Parallelen zu einem ähnlichen Verhalten gibt es bis heute. Frauen haben immer wieder durch Haartracht provozieren können, durch Anlegen von Männerkleidung Ansprüche auf Freiheit angemeldet und doch eigene Formen gefunden. Und Frauen haben dadurch Symbole auch gewandelt. Ein Beispiel: Galt noch in den 60er-Jahren das Tragen von Hosen durch Frauen als provokant, ist es heute im Westen zur Selbstverständlichkeit geworden.

Ganz ohne Wirkung blieben solche Texte aber nicht. Lange gehörte es zur Tradition, dass auch Frauen nicht ohne Kopfbedeckung einen Gottesdienst aufsuchten. In der orthodoxen Tradition gilt dies bis heute. Aber auch im Westen waren die Kopfbedeckungen für Frauen nicht nur eine Frage der Mode, sondern auch des Standes. Ob man unverheiratet, verheiratet oder Witwe war, wirkte sich auch darauf aus, was man als Kopfbedeckung zu tragen hatte. Noch in diesem Jahrhundert galt es lange für Frauen als undenkbar, ohne Hut in die Kirche zu gehen. Heute ist der Einfluss solcher Haltungen besonders auf den Alltag stark zurückgegangen.

Frau Mode.

Es sprach Frau Mode ein großes Wort:
„Der Schmuck des Weibes, der Zopf muß fort!"

Und abgeschnitten ward Zopf um Zopf, verwandelt in einen Bubikopf.
Und Frau Mode sprach: „Halt mit Mir Schritt! Als Neustes gilt nun der Herrenschnitt."
Da wurde geopfert der letzte Schmuck, und lächelnd sprach sie: „Nun ist's genug."
Der Kleider Kürze reicht kaum bis zum Knie, Frau Mode befiehlt's, da gehorchen sie.
In Raubtierfelle gehüllt der Rumpf, der Hals weit offen, von Flor der Strumpf.
Und sind auch die Füße wie Eis so kalt, was macht es? Frau Mode verlangt es halt!
„Vor allem fort mit dem Schamgefühl; es hindert bei Tanz, bei Sport und Spiel!"

So sprach Frau Mode, da gab man hin der Keuschheit Kleinod mit leichtem Sinn
Der Schmelz der Reinheit, des Weibes Schmuck, er ging verloren, ach, schnell genug!
Das Auge glanzlos, die Seele leer; von wahrer Schönheit blieb garnichts mehr.
Das Gottesbildnis fiel in den Staub, der Eitelkeit und der Mode Raub.
Und Frauenwürde in Scham und Zucht, - ein Traumbild ist's in der Zeiten Flucht.

Und einer freut sich und lacht und lacht: „Hei, Mode, das hast du gut gemacht!
Dein Netz ist schillernd und fest und fein; viel tausend Seelen gehen hinein.
Und was dem Laster noch widerstand, ganz willig folgt es dem Wink deiner Hand
Nun vorwärts! Ich habe nur wenig Zeit! Bald lautet die Losung: „Hinweg mit dem Kleid!"

Du Frauenseele, ach, merkst Du es nicht, was für ein Geist aus der Mode spricht?
Siehst Du das Netz nicht, das Dich umgarnt? Höre die Stimme, die heute Dich warnt!
Entsage der Schande, der Schmach, dem Schein,
wage! Und sage entschlossen: Nein!
Was nicht geziemend in Schritt und Schnitt, das weise von Dir, mache nicht mit!
Zerbrich die Ketten, sei frei und rein!
Und unverlierbare Schönheit ist Dein!

Eva von Tiele-Winckler (um 1930)

Und dazu sagt Gottes Wort.

Die Frauen sollen in schicklichem, langem Gewande mit Schamhaftigkeit und gesunder Vernunft sich schmücken, nicht mit Haarputz und Gold oder Perlen oder teurer Kleidung.

1 Tim. 2/9.

Frau Mode
Eva von Tiele-Winckler, um 1930, Quelle unbekannt

Textarbeit zum Lied: „Der Schleier“

Ziel: In der Gesellschaft werden durch die verschiedenen Kleiderstile Frauenbilder produziert und vor allem damit verbundene Werte und Vorstellungen wie „Befreiung“, „Emanzipation“, „Freiheit“, „Schönheit“ usw. über die Kleidung definiert.
In Gruppenarbeit soll das eigene Verhältnis zu diesen Frauentypen, die in Zusammenhang mit Kleidung stehen, hinterfragt und darüber eine Diskussion begonnen werden.
Material: Der Text „Der Schleier“ (s. Seite 176), zwei große Papierbögen, die an der Wand befestigt werden können, Filzstifte
Zeit: ca. 1 Stunde
Vorbereitung: Den Text für alle Teilnehmerinnen kopieren; die Papierbögen an der Wand befestigen.
Erster Schritt: Die Teilnehmerinnen werden gebeten, den Text zu lesen. Zum Lesen soll genügend (nach Bedarf der Teilnehmerinnen) Zeit gelassen werden. Wenn die CD vorhanden ist, kann auch das Lied dazu gespielt werden.
Zweiter Schritt: Das erste Gespräch über den Text erfolgt zu zweit. Folgende Fragen bestimmen das Zweiergespräch:
- Wie viele Frauentypen bzw. Kleidungstypen werden im Text präsentiert?
- Sind uns diese Typen bekannt?
- Wenn sie uns bekannt sind, woher kennen wir sie? Aus der Nachbarschaft, von der Arbeit, aus den Medien usw.?
- Werden diese Typen im Text bestimmten kulturellen und religiösen Kreisen zugeordnet?
- Wie ist es in unserem Alltag? Gehören diese Frauen zu bestimmten Kreisen? Wenn ja, zu welchen?

Zeit: ca. 30 Minuten
Dritter Schritt: Die Ergebnisse werden von der Leiterin auf dem Papierbogen gesammelt. Wenn alle Ergebnisse eingetragen sind, wird verglichen, ob es in der Einschätzung große Unterschiede gibt.
Vierter Schritt: Alle werden gebeten, sich zu überlegen mit welchen positiven und negativen Eigenschaften diese Frauentypen verbunden sind. Welche der Kennzeichen gelten auch als kulturell oder religiös? Die Eigenschaften werden

auf dem großen Papierbogen unter den Kategorien „positiv“ und „negativ“ bzw. „ambivalent“ zusammengetragen und gemeinsam bewertet.
Abschluss: Zum Abschluss das Lied spielen oder den Text nochmals laut lesen.

Schönheit oder Bescheidenheit?

Ziel: Anregung bieten, über die Kleidervorschriften in beiden heiligen Büchern (Bibel und Koran) nachzudenken und darüber ins Gespräch zu kommen. Dabei soll es insbesondere um die zwei gegensätzlichen Strömungen zur Kleidung (Einfachheit oder aufwendigere Kleidung) sowohl in den christlichen wie auch in den islamischen Traditionen gehen (vgl. Seite 161 f.).
Material: Bibel- und Koranexemplare bzw. die kopierten Texte der angegebenen Stellen.
Falls Bibeln und Koranexemplare vorhanden sind, können die Gruppenmitglieder auch die Stellen aus den Büchern heraussuchen und damit arbeiten. Wenn Teilnehmerinnen noch andere Stellen zum Thema in beiden Büchern kennen, können auch diese in die Arbeit miteinbezogen werden.
Bibelstellen: Gal 3,27-28; 1 Tim 2,9-10; 1 Kor 11,2-16
Koranstellen: Sure 7,31-32; 24,30-31; 33,59
Zeit: ca. 1 Stunde
Erster Schritt: Die jeweiligen Texte aus Bibel und Koran werden laut vorgelesen. Nachdem alle Stellen vorgelesen sind, werden die Fragen in Kleingruppen beantwortet.

- Welche Aufforderungen in den vorgelesenen Stellen kommen auf die beiden Geschlechter zu?
- Welche Aufforderung betreffen besonders Frauen?
- Haben diese Aussagen in den beiden Büchern mit den Kleidungsgewohnheiten der Teilnehmerinnen zu tun?
- Unterscheiden sich die Aussagen zur Kleidung in beiden Büchern?

Die Kleingruppen sollten so gebildet werden, dass jeweils christliche und muslimische Frauen zusammenarbeiten. Die Ergebnisse werden auf einem Blatt Papier festgehalten.

Zweiter Schritt: Die Gruppen tauschen ihre Ergebnisse aus. Bei unterschiedlicher Meinung kann verglichen werden, wo die einzelnen Frauen ihre Informationen über die Auslegung her haben.

Hinweis: Es muss nicht Einigkeit erzielt werden, verschiedene Meinungen und Interpretationen können nebeneinander stehen bleiben. Die Traditionen sollen kennen gelernt, aber nicht bewertet werden.

Dritter Schritt: In einem zweiten Schritt tauschen sich die Teilnehmerinnen über die persönliche Einstellung zu den Vorlieben ihrer Kleidung aus. Folgende Fragen können das Gespräch leiten:

- Was ist mein eigenes, ganz persönliches Verhältnis zur Kleidung?
- Welche Rolle nimmt dabei meine Glaubenseinstellung ein?

Abschluss: Segen oder Lied/Text „Der Schleier".

Textanhang zu Kapitel 5

Texte zum Beten

Aussagen von Frauen zum Thema Gebet

- Oft, wenn ich bete, merke ich, wie ich langsam zur Ruhe komme und die Welt mit anderen Augen sehe.
- Manchmal wenn die Sonne so wunderschön scheint und alles in einem bezaubernden Licht erstrahlen lässt, danke ich Gott, einfach so.
- Beten ist die tägliche Zwiesprache mit Gott.
- Wenn ich meine Pflichtgebete nicht verrichte, dann fehlt mir etwas ganz Wichtiges.
- Ich bete mit meinem Kind jeden Abend vor dem Schlafengehen.
- Beim Weltgebetstag fühle ich mich mit der weltweiten Gemeinschaft der ChristInnen verbunden. Das gibt mir Kraft für den Alltag
- In meiner Gemeinde bereiten wir in der Frauengruppe jedes Jahr zwei Sonntagsgottesdienste gemeinsam vor. Wir sprechen über das Thema des Gottesdienstes, formulieren die Gebete in kleinen Gruppen, suchen die Lieder aus und gestalten den Gottesdienst gemeinsam.
- Beten ist eine Sache zwischen mir und Gott. Das geht niemanden etwas an.
- Beten ist mir etwas ganz Fremdes.
- Manchmal würde ich gerne beten, aber ich weiß nicht wie.
- Ohne das Beten bin ich kein vollständiger Mensch.
- Jeden Donnerstagabend treffen wir uns zur Gebetsgemeinschaft, etwa acht Frauen. Dort sprechen wir über alles, was uns beschäftigt und bringen es anschließend vor Gott, beten also miteinander, wobei jede ein Anliegen im Gebet vor Gott bringt.
- Beten, was bringt das?

Frauengebete

Heiliger Geist,
gewaltiger Sturm Gottes,
bewohne unser Dunkel,
überschatte unseren Abgrund
und sprich in unser Chaos;
damit wir durch Deine Lebendigkeit atmen
und an Deiner Schöpfung teilhaben können,
in der Kraft Jesu Christi, Amen.[32]

Janet Morley

Gott, du sendest uns mitten in diese Welt.
Deinen mütterlichen Segen erbitten wir.
Deine Zärtlichkeit und Liebe
umfange und halte uns.
Deine Kraft stachle uns an,
Deine Weisheit sei unsere Ratgeberin.
Heute, morgen, immer.[33]

Ulla Kamps-Blass

Nichts soll dich ängstigen,
Nichts dich erschrecken.
Alles vergeht.
Gott bleibt derselbe.
Geduld erreicht alles.
Wer Gott besitzt,
Dem kann nichts fehlen.
Gott nur genügt.

Teresa von Avila

Texte zum Ramadan

Aus dem Koran zum Fasten *(Sure 2, 183-187)*:
O ihr, die ihr glaubt, vorgeschrieben ist euch, zu fasten, so wie es denen vorgeschrieben worden ist, die vor euch lebten, auf dass ihr gottesfürchtig werdet,
(und dies) für eine Anzahl von Tagen. Wer von euch krank ist oder sich auf einer Reise befindet, für den gilt eine Anzahl anderer Tage. Denjenigen aber, die es (eigentlich einhalten) können, ist als Ersatzleistung die Speisung eines Bedürftigen auferlegt. Wenn einer freiwillig Gutes tut, so ist es besser für ihn. Und dass ihr fastet, ist besser für euch, wenn ihr Bescheid wisst.
Der Monat Ramadan ist es, in dem der Koran herabgesandt wurde als Rechtleitung für die Menschen und als deutliche Zeichen der Rechtleitung und der Unterscheidungsnorm. Wer nun von euch in dem Monat anwesend ist, der soll in ihm fasten. Und wer krank ist oder sich auf einer Reise befindet, für den gilt eine Anzahl anderer Tage. Gott will für euch Erleichterung. Er will für euch nicht Erschwernis, und dass Er euch rechtgeleitet hat, und dass ihr dankbar werdet. (...)
Erlaubt ist euch, in der Nacht, während der Fastenzeit Umgang mit euren Frauen zu haben. Sie sind eine Bekleidung für euch, und ihr seid eine Bekleidung für sie. Gott weiß, dass ihr euch immer wieder selbst betrogen habt, so hat Er sich euch gnädig wieder zugewandt und euch verziehen. Verkehrt nunmehr mit ihnen und trachtet nach dem, was Gott euch vorgeschrieben hat. Und esst und trinkt, bis ihr in der Morgendämmerung den weißen Faden vom schwarzen Faden unterscheiden könnt. Danach vollzieht das Fasten bis zur Nacht. Und verkehrt nicht mit ihnen, während ihr in den Moscheen eine Einkehrzeit einlegt. Dies sind die Bestimmungen Gottes, tretet ihnen nicht zu nahe. So macht Gott den Menschen seine Zeichen deutlich, auf dass sie gottesfürchtig werden.

„Wenn jemand im Ramadan seine Pflicht erfüllt, gleicht dies siebzig in anderen Monaten erfüllten Pflichten. Er ist der Monat der Geduld, und der Lohn der Geduld ist das Paradies. Er ist der Monat der Versöhnung, er ist der Monat, in dem sich der Lebensunterhalt der Gläubigen mehrt. Er ist ein Monat, dessen Beginn Barmherzigkeit, dessen Mitte Vergebung und dessen Ende Befreiung vom Höllenfeuer ist."[34]

Aus dem Hadith über den Wert des gemeinschaftlichen Gebets:

Abu Huraira berichtet, der Gesandte Gottes habe gesagt:
Der Lohn eines gemeinschaftlich verrichteten Gebets beträgt das fünfundzwanzigfache des Lohnes für ein Gebet, das allein zu Hause oder im Laden auf dem Bazar verrichtet wurde. Denn wer die kleine Waschung gewissenhaft durchführt und sich darauf zur Moschee begibt, einzig und allein aus dem Wunsch heraus, dort sein Gebet zu verrichten, der legt nicht einen einzigen Schritt dabei zurück, ohne dass er dafür belohnt und ihm eines seiner Vergehen verziehen wird. Und wenn er betet, werden die Engel, solange er sich an der Stätte des Gebets aufhält, Gott für ihn anrufen. Sie sagen: „O Gott, gib ihm deinen Segen! O Gott, hab Erbarmen mit ihm!" Und die Zeit, die ihr in Erwartung des Gebets verbringt, wird euch als Gebetszeit angerechnet.[35]

Islamische Gebete

Sprich: O Gott, der Du über die Königsherrschaft verfügst, Du gibst die Königsherrschaft, wem Du willst. Du verleihst Macht, wem Du willst, und Du erniedrigst, wen Du willst. In Deiner Hand liegt das Gute. Du hast Macht zu allen Dingen. Du lässt die Nacht in den Tag übergehen, und Du lässt den Tag in die Nacht übergehen. Du bringst das Lebendige aus den Toten, und Du bringst das Tote aus dem Lebendigen hervor und Du bescherst Unterhalt, wem Du willst, ohne (viel) zu rechnen.
(Sure 3,26-27)

O Gott, wasche meine Übertretungen ab mit Schnee und Wasser und kühlem Regen, und reinige mein Herz von Sünden, wie ein weißes Kleid gereinigt wird von Flecken, und setze zwischen mich und meine Verfehlungen so viel Abstand wie Du gesetzt hast zwischen Sonnenaufgang und Sonnenuntergang![36]
Muhammad

O Gott, wenn ich Dich aus Furcht vor der Hölle anbete, so verbrenne mich in der Hölle, und wenn ich Dich in der Hoffnung auf das Paradies anbete, so entziehe es mir, doch wenn ich Dich um Deiner selbst willen anbete, so enthalte mir Deine ewige Schönheit nicht vor.[37]
Rabi'a

O mein Gott, Dich preist ein jeder Baum, und Deine Heiligkeit kündet ein jedes Stück Erde mit heimlicher Stimme und klaren Melodien.
O Gott, ich stehe vor Dir, meine Augen erhoben zu Dir, und breite die Hände aus zu Deinen Wohltaten, und meine Stimme schreit zu Dir. Du bist es, der nicht durch den Ruf verärgert wird und der den Bittenden nicht enttäuscht. Mein Gott, schenke mir einen Blick, der sich in Aufrichtigkeit zu Dir erhebt; denn wer mit Dir vertraut ist, wird nicht verkannt, und wer zu Dir fleht, wird nicht beschämt; wer sich in Dir freut, ist beglückt, und wer bei Dir Schutz sucht, findet Hilfe und Sieg.[38]
Dhu'n-Nun

O ihr, die ihr glaubt, gedenket Gottes in häufigem Gedenken und preiset Ihn morgens und abends. Er ist es, der über Euch den Segen spricht – und auch seine Engel –, damit Er euch aus den Finsternissen in Licht hinaus führt. Und Er ist barmherzig zu den Gläubigen. *(Sure 33,41-43)*

Kalligraphie
Der Rumpf und die Ruder stellen – von links nach rechts – die sieben Glaubensartikel dar: „Ich glaube an Gott und an seine Engel, seine Bücher, seine Propheten, den jüngsten Tag, die Vorherbestimmung, das Gute und Böse und an die Auferstehung nach dem Tode". Das Segel enthält die Kurzform des Glaubens: „Es gibt keine Gottheit außer Gott, und Muhammad ist sein Prophet."

Texte zum Segen/Segnen

wir segnen uns[39]

wir segnen uns mit dem Kreuz
das Ost und West, Nord und Süd
verbindet
das rund umhütet ruht im Kreis
dem Zeichen für das Ganze

wir segnen uns aus dem Kreuzungspunkt
der Mitte
die Kräfte in alle Richtungen strömt
und heimholt von überall her
beladen mit Duft und Staub

ich segne dich mit der Kraft
die zärtlich mein Herz umfängt
mich ganz durchwärmt
und wieder unerreichbar scheint

ich segne dich mit meiner brüchigen Hoffnung
mit meiner zerfransten Sehnsucht
mit meiner entliehenen Liebe

es ist alles offen

Christa Peikert-Flaspöhler

Aaronitischer Segen, Num/4. Mose 6,24-26

Der Herr segne dich und behüte dich.
Der Herr lasse sein Angesicht über dir leuchten und sei dir gnädig.
Der Herr wende sein Angesicht dir zu und schenke dir Heil.

Segen
Gottes Macht halte mich aufrecht,
Gottes Weisheit, die leite mich:
Gottes Auge schaue für mich,
Gottes Ohr höre für mich,
Gottes Wort spreche für mich,
Gottes Hand bewahre mich
gegen die Fallstricke des Bösen,
gegen die Versuchungen des Geistes, des Leibes,
gegen alle, die mir schaden wollen.

St. Patrick, 5. Jh.

Segen
Der mütterlich-väterliche Gott sei dir nahe
in allem, was dir begegnet auf dem Weg deines Lebens.
Er umarme dich in Freude und Schmerz,
und lasse aus beidem Gutes wachsen.
Ein offenes Ohr schenke er dir für alle,
die deiner bedürftig sind.
Selbstvertrauen und den Mut, dich verwunden
und heilen zu lassen.
In aller Gefährdung bewahre er dir Seele und Leib
und lasse dein Leben gelingen.

Segen
Ich werde dein Brot und dein Wasser segnen
und alle Krankheiten aus deiner Mitte hinwegnehmen.
Keine Frau wird fehlgebären oder unfruchtbar sein in deinem Land.
Ich werde die Zahl deiner Tage voll machen.

2. Mose/Exodus 23,25-26

Segen
Die Seele ist wie ein Wind, der über die Kräuter weht,
und wie ein Tau, der auf die Gräser träufelt,
und wie die Regenluft, die wachsen macht.
Genauso ströme der Mensch
sein Wohlwollen aus auf alle,
die da Sehnsucht tragen.
Ein Wind sei er, indem er den Elenden hilft,
ein Tau, indem er die Ermatteten aufrichtet
und sie mit der Lehre erfüllt wie Hungernde:
indem er ihnen seine Seele hingibt. Amen.[40]

Hildegard von Bingen

Segen
Bedecke Deine Augen mit Deinen Händen und sage mir nach
„Segne meine Augen, damit ich klar sehe in diesen Tagen".

Berühre Deinen Mund und sage
„Segne meinen Mund, dass ich die Wahrheit sage".

Berühre Deine Ohren und sage
„Segne meine Ohren, damit ich auf die Worte anderer hören kann".

Berühre Dein Herz und sage
„Segne mein Herz, damit ich mich öffne für Schwesterlichkeit und Liebe".

Berühre Deine Füße und sprich ihnen zu
„Gesegnet seien meine Füße, damit ich sicher und mutig meinen Weg gehe".

Berühre die Frauen/Männer/Kinder um Dich herum und sage:
„Gesegnet seist Du, meine Schwester, mein Bruder".
Gesegnet sei unsere gemeinsame Kraft!

Dianne New, Silver Springs, USA

Segen
Gott allen Trostes
und alle Verheißung
segne und behüte uns
begleite uns mit deiner Liebe
die uns trägt und fordert
lass dein Angesicht leuchten über uns
und sei uns gnädig
denn deine Güte schafft neues Leben
wende dein Angesicht uns zu und schenke uns Heil
lege deinen Namen auf uns
und wir sind gesegnet![41]

Liedtext: Der Schleier

Kommt eine Frau in Stöckelschuhn auf ganz verkrampften Füßen,
so wird sie keiner kritisiern, sie muss das selber wissen.
Trägt eine ihren Rock so eng, dass alle Nähte krachen,
so regt sich heute niemand auf, das ist doch ihre Sache.

Aber wenn eine Frau ihr volles Haar bedeckt,
die Formen ihres Körpers ganz versteckt,
indem sie einen weiten Schleier trägt,
dann auf einmal ist sie die Dumme und die andern schlau,
denn jeder, der sie sieht, weiß ganz genau,
sie ist die unterdrückte Frau.

Sie wird verspottet, attackiert, man will es ihr verbieten,
man sagt, in unserm Lande sei kein Platz für solche Sitten,
und wenn sie schon hier leben will, soll sie sich integrieren.
Bei uns sind Frauen eben frei, das muss sie doch kapieren.

Selten will jemand wissen, wie sie selber denkt,
wie sie vielleicht an ihrem Glauben hängt,
der ihr ganz eine andre Freiheit schenkt:
Freiheit von jenem Blick, der eine Frau bemisst,
danach, wie attraktiv ihr Körper ist,
und sie als Mensch dabei vergisst.

Man hat auch längst in ihrem Land versucht, sie zu belehren,
wie rückständig und überholt die alten Werte wären.
Der große Hit, der letzte Schrei, das Beste nur vom Besten,
das sei die Schönheitsdiktatur der Mode aus dem Westen.

Aber auf diese Art Befreiung pfeift sie gern,
die dient ja doch vornehmlich jenen Herrn,
die voller Gier die Kassen klingeln hörn.
Und so wählt sie den Schleier jeden Morgen neu,
und manchmal selbstbewusst und manchmal scheu
bleibt sie den eigenen Träumen treu.[42]

Literaturhinweise zu Kapitel 5

Literatur zum Kirchenbau
Margarete Luise Goecke-Seischab/Jörg Ohlemacher, Kirchen erkunden, Kirchen erschließen. Ein Handbuch mit über 300 Sachzeichnungen und Übersichtstafeln sowie eine Einführung in die Kirchenpädagogik, Kaufmann, Lahr-Butzon und Bercker, Kevelaer 1998

Literatur zu Frauengebeten
Peikert-Flaspöhler, Christa: Du träumst in mir, mein Gott – Frauen beten, Lahn-Verlag Limburg ^{3}1994
Knippenkötter, Anneliese/Voß-Goldstein, Christel: Macht und Ohnmacht, Düsseldorf /Ostfildern 1997
Morley, Janet: Preisen will ich Gott, meine Geliebte. Psalmen und Gebete, Freiburg/ Basel/Wien 1988
Schimmel, A.: Dein Wille geschehe – Die schönsten islamischen Gebete, Gandern 1993

Hinweis:

In diesem Buch werden folgende Ausgaben von Bibel und Koran benutzt:

Die Heilige Schrift, Einheitsübersetzung, Stuttgart 1981 (4/1986)
Der Koran „Übersetzung von Adel Theodor Khoury unter Mitwirkung von Muhammad Salim Abdullah, Gütersloh 1987, 2., durchgesehene Auflage 1992

Anmerkungen

1) Zitiert nach: Reinhold Rabenstein, Lernen kann auch Spaß machen! Einstieg, Aktivierung, Reflexion: Themen bearbeiten in Gruppen, Heft OK 11 der Arbeitsstelle für Erwachsenenbildung der EKHN, Darmstadt 1980, S. 42
2) Nach: Klaus Vopel, Anwärmspiele, Isko-Press, Salzhausen Nr. 20.
3) Idee und Texte nach: Klaus Ahlheim/Bardo Heger, Vorurteile und Fremdenfeindlichkeit. Handreichungen für die politische Bildung, Schwalbach/Ts. 1999 (hier bes. S. 127ff.); dort weitere Modelle.
4) Klaus Ahlheim/Bardo Heger, Vorurteile und Fremdenfeindlichkeit. Handreichungen für die politische Bildung, Schwalbach/Ts. 1999 (S. 128, 130, 143 f.)
5) Vgl. dazu Rainer Hank, Arbeit – Die Religion des 20. Jahrhunderts. Auf dem Weg in die Gesellschaft der Selbständigen, Frankfurt a.M. 1995
6) Jutta Lehnert, in: Jugend, Kleidung, Mode – Vom Baumwollfeld zur Altkleiderkiste. Eine Arbeitshilfe für die Jugendarbeit als Beitrag zur Kampagne für saubere Kleidung (CCC), März 1997, S.11
7) Jutta Lehnert, in: Jugend, Kleidung, Mode – Vom Baumwollfeld zur Altkleiderkiste. Eine Arbeitshilfe für die Jugendarbeit als Beitrag zur Kampagne für saubere Kleidung (CCC), März 1997, S.11
8) Christian Petry, in: Interkulturelle Beiträge 6, Feste der Weltreligionen, RAA Berlin, 1993, S. 5
9) aus: Daten und Fakten zur Ausländersituation, Juni 1999, Mitteilungen der Beauftragten der Bundesregierung für Ausländerfragen, S. 18
10) zitiert nach: Der Koran. Übersetzt von Adel Khoury. Unter Mitwirkung von Muhammad Salim Abdullah, Gütersloh 1987, S. 492
11) In der deutschen Übersetzung des Korans wird der arabische Name Maryam mit Maria übersetzt, da mit Maryam die Mutter Jesu (arab. Isa) gemeint ist. Der arabische Name wird hier beibehalten, um keine Verwechslungen der unterschiedlichen Traditionen aufkommen zu lassen und um deutlich zu machen, dass in muslimischer Tradition die arabischen Namen beibehalten werden.
12) Annemarie Schimmel, Und Muhammad ist Sein Prophet. Die Verehrung des Propheten in der islamischen Frömmigkeit, München 1989, S. 133
13) Ibn Ishaq, Das Leben des Propheten, (Hrsg. Gernot Rotter), Stuttgart 1986, S. 37. Ibn Ishaq schrieb im 8. Jh. n. Chr. die ersten Texte zur Prophetenbiographie, die durch andere Autoren tradiert wurden.
14) ibid.
15) ibid. S.38

16) ibid. S. 37
17) ibid. S. 47
18) Mernissi, F., Der politische Harem, Frankfurt 1989, S. 136
19) Ibn Ishaq, S. 48
20) In: Sahih al-Bulari, Nachrichten von Taten und Aussprüchen des Propheten Muhammad (Hg.: Dieter Ferchl), Stuttgart 1991, S. 361
21) Klerus (kirchenlateinisch: clerus „ausgewählter Stand"): die Gesamtheit der (katholischen) Geistlichen
22) Eucharistie (griechisch: eu „gut" + charis „Huld, Dank"): Katholische Bezeichnung für das Dankgebet vor dem Abendmahl und die Abendmahlsfeier selbst (Mt 26,26-28; 1. Kor 11,23-25)
23) Tabernakel (lateinisch: tabernaculum (Verkleinerungsform von taberna „Hütte"): Kunstvoll gearbeitetes Gehäuse zur Aufbewahrung der Hostien in der katholischen Kirche.
24) Hostie (lateinisch: hostia „Opfer"): das beim Abendmahl bzw. bei der Eucharistie in Form einer kleinen Oblate gereichte ungesäuerte Brot
25) Reformation (lateinisch: reformatio „Erneuerung, Umgestaltung): die im 16. Jahrhundert durch Luther, Zwingli, Calvin und anderen ausgelöste Bewegung zur Erneuerung der Kirche, wodurch die abendländische Kircheneinheit aufgelöst wurde und neue, vom Papst unabhängige Kirchen entstanden.
26) Art.: Sawm, in: Handwörterbuch des Islam, S. 650
27) Weitere Informationen dazu in: H.G. Goßmann, Das Projekt „Advent", „Ramadan / Ramadan" „Advent" in Hamburg, in: R. Kirste, P. Schwarzenau, U. Tworuschka: Religion im Gespräch, Band 6: Hoffnungszeichen globaler Gemeinschaft, Balve 2000, S. 407-410
28) D.h. die Körperteile, an denen sie Schmuck tragen.
29) Vgl. Jethmal Parsram Gulraj, Sind and its Sufis, Lahore 1979, S. 65.
30) nach: Padwick, Muslim Devotions, A study of prayer-manuals in common use, Oxford 1996, S. 89.
31) Zur ausführlichen Argumentation vgl. Gielen Marlies, Schleier oder „Herrenschnitt"? Der theologische Streit um Kopfbedeckung oder Frisur in 1 Kor 11, 2-16, in: Zeitschrift für die neutestamentliche Wissenschaft und die Kunde der älteren Kirche, Bd. 90, 1999, S. 220-249.
32) Morley, Janet, Preisen will ich Gott, meine Geliebte. Psalmen und Gebete, Freiburg/ Basel/ Wien 1988, S. 21
33) Knippenkötter, Anneliese/Voß-Goldstein, Christel, Macht und Ohnmacht, Düsseldorf/ Ostfildern 1997, S. 62
34) Art. Fasten in: A. D. Khoury/L. Hagmann/P. Heine, Islam-Lexikon. Geschichte Ideen Gestalten, Freiburg, Herder, S. 242
35) In: Sahih al-Buhari, Nachrichten von Taten und Aussprüchen des Propheten Muhammad, (Hg.: Dieter Ferchl), Stuttgart 1991, S. 141

36) A. Schimmel, Dein Wille geschehe – Die schönsten islamischen Gebete, Bonndorf, 3. Aufl. 1995, S. 52
37) A. Schimmel, Dein Wille geschehe – Die schönsten islamischen Gebete, Bonndorf, 3. Aufl. 1995, S. 12
38) A. Schimmel, Dein Wille geschehe – Die schönsten islamischen Gebete, Bondorf, 3. Aufl. 1995, S. 47
39) Christa Peikert-Flaspöhler, Heut singe ich ein anderes Lied, Luzern Rex-Verlag 1992
40) Hanna Strack/Christiane Freking, Segen ist nicht nur ein Wort, Zorneding 1996, S. 10
41) Christel Voß-Goldstein (Hg.), Abel, wo ist deine Schwester? Frauenfragen. Frauengebete, Patmos-Verlag
42) aus der CD: Claudia Mitscha-Eibl, Lust und Liebe; Bestelladresse: Claudia Mitscha-Eibl, Albrechtsgasse 2/15, A-2100 Korneuburg; Tel. 0 22 62 / 6 43 19

Quellenverzeichnis

„Auf der Suche nach Asyl“, aus: Eulenspiegel, Nr. 22/1987; Terre des hommes © Ministerium des Innern, Statistisches Bundesamt

„Magnet Deutschland“, aus: Eulenspiegel s. o.

„Ausländer und Asylsuchende in Deutschland“, aus: Eulenspiegel s. o.

„Dass Erde und Himmel dir blühen“, T: Kurt Rose; M: Herbert Beuerle: © Verlag Singende Gemeinde, Wuppertal

Hülya Serap Özkan „Wünsche“: Aus: Zeitschrift für Kulturaustausch, 1/1998

Lisianne Enderli: „Texte zu Maria“, Quelle unbekannt

Christa Peikert-Flaspöhler: „wir segnen uns“, Aus: Heut singe ich ein anderes Lied © rex verlag, Luzern, 1992

Koran: Eröffnungssure (Kalligrafie), aus: Der Islam, Folien und Erläuterungen, Religionspädagogisches Seminar der Diözese Regensburg, © Archiv für Kunst und Geschichte

Vater unser (Kalligrafie), © Ev. Missionswerk Süddeutschland, Stuttgart

Eva von Tiele-Winkler: „Frau Mode“, Quelle unbekannt

Janet Morley, aus: Preisen will ich Gott, meine Geliebte. Psalmen und Gebete © Verlag Herder, Freiburg, 1989, S. 21

Ulla Kamps-Blass, aus: Macht und Ohnmacht, Band 2 der Buchreihe FrauenGottesDienste © KlensVerlag/Schwabenverlag, Düsseldorf/ Ostfildern, 1997, S. 62

„Kalligraphie“, aus: Weltatlas der Kulturen: Der Islam © Andromeda Oxford Limited 1984; S. 203

Holle Schneider: Mein wichtigstes Handwerkzeug bin ich, Aus: Holle Schneider: Anstöße für lebendige Gespräche in Frauengruppen © KlensVerlag, Düsseldorf, 1990

„Der Schleier“, aus: Claudia Mitscha-Eibl, Lust und Liebe, CD, © Claudia Mitscha-Eibl, Chimanigasse 1, A 2100, Korneuburg, Tel 0 22 62 / 6 43 19

Von einigen Texten waren die Urheberrechte nicht ausfindig zu machen.
Der Verlag ist für entsprechende Hinweise dankbar.

Autorinnen

Ulrike Bechmann, römisch katholisch, geb. 1958 in Bamberg, Studium Katholische Theologie (Diplom) in Bamberg 1978-1984, ab 1984 Studium der Islamwissenschaft (M. A.) und Promotion Altes Testament, 1989-1999 Geschäftsführerin/theologische Referentin bei Weltgebetstag der Frauen in Deutschland, seit 1999 Wiss. Assistentin am Lehrstuhl Katholische Theologie in Bayreuth.

Sevda Demir, geb. 1964 in Izmir (Türkei), studierte Philosophie an der Agäis Universität in Izmir (1981-1985) und Pädagogik, Soziologie und Orientalistik an der J. W. Goethe Universität in Frankfurt (1994-1999). Langjährige Arbeit im Bereich des interkulturellen und interreligiösen Dialogs. Heute lebt sie mit ihrem Sohn in Izmir.

Gisela Egler, evangelisch, geb. 1960 in Frankfurt am Main, Studium der ev. Theologie in Frankfurt, Rom, Heidelberg und Marburg (1980-1988), M. A. in Islamic Studies (Birmingham, England) (1990-1991), Gemeindepfarramt in Frankfurt (1991-1995), Projektstelle der Evangelischen Kirche in Hessen und Nassau im Bereich des christlich-islamischen Dialogs (1996-1999), seit 2000 im Erziehungsurlaub.

In der Reihe KLENS ARBEITSBUCH sind bisher erschienen

Gisela Baltes

Anspiele
Szenen aus dem Alltag

Arbeitsbuch für Frauengruppen und -veranstaltungen

Düsseldorf, 1997, 175 Seiten
ISBN 3-87309-140-2
DM 24,80, € 12,70

Die insgesamt 37 Anspiele bieten gute Einstiegsmöglichkeiten in verschiedene Themen. In einfacher, klarer Weise reflektieren die in Dialogform angelegten Spielszenen Alltagssituationen, in denen sich jede Frau wiederfinden kann. Das Arbeitsbuch liefert vielfältige methodische Bausteine für die Gruppenarbeit, die zur Auswertung der jeweiligen Spielszene beitragen. Als selbstständige Einzelelemente konzipiert, können die Spielszenen gezielt in die Planung von Veranstaltungen und Gruppengesprächen einbezogen werden.

Ria Zimmermann, Eva Ziebertz

Ausatmen – Aufatmen

Impulse für Besinnungstage und Glaubensgespräche mit Frauen

Düsseldorf, 1997, 239 Seiten
ISBN 3-87309-144-5
DM 29,80, € 15,20

Ein Buch für alle, die beruflich oder privat nach geistlichen Impulsen und Ideen für die Gestaltung von Besinnungstagen, Glaubensgesprächen o. ä. suchen, also ein Buch für Frauengruppen und Frauengemeinschaften, für die Praxis von Gemeinden und Bildungshäusern, für Schulen und Verbände, für Institutionen und Personen, die kirchliche Bildungsarbeit gestalten.
Es bietet Grundlagentexte, Einstiegs- und Dialogszenen, Rollenspiele, Geschichten, Lieder, Gottesdienst-Bausteine und vieles mehr ...

Simone Burster

FrauenBande

Feministisch-theologische Themen für die praktische Arbeit mit Frauengruppen

Düsseldorf, 1999, 228 Seiten
ISBN 3-87309-164-X
DM 29,80, € 15,20

Neben religiös-kirchlichen werden in diesem Titel auch allgemein-gesellschaftliche Themen bearbeitet. Zahlreiche Grundlagenartikel und vielfältig verwendbare methodische Bausteine geben praxisorientierte Impulse zum Thema „Feministische Theologie“ für die Arbeit mit Frauengruppen.

Zu beziehen sind diese Bücher über den Buchhandel oder direkt bei der KlensVerlag GmbH:

KlensVerlag GmbH · Carl-Mosterts-Platz 1 · 40477 Düsseldorf
Telefon 02 11 / 94 47 94-20 · Telefax 02 11 / 94 47 94-30
eMail: Info@KlensVerlag.de